SUA VERDADE PESSOAL

Uma Jornada Para Descobrir a Sua Verdade,
Tornar-se o Seu Eu Verdadeiro, e Viver
Sua Própria Verdade

I. C. ROBLEDO

Traduzido por Luciana Aflitos

www.RobledoThoughts.com

Índice

Como Ler Este Livro

Através da minha experiência escrevendo muitos livros, percebi que a maioria das pessoas tem dificuldade em aplicar o que leem. Temos a tendência de ler algo, colocar o livro de lado e esquecer as lições. Para ajudá-lo a fazer um progresso permanente em sua vida, incluí perguntas instigantes para você refletir no final de cada capítulo. E também incluí atividades para ajudá-lo a aplicar o que está aprendendo.

Para obter o máximo deste livro, você deve responder às perguntas e realizar as atividades. Dediquei muito tempo e atenção para ter certeza de que isso iria ajudá-lo. Elas são tão importantes quanto o restante do livro.

Outra dica é: dê a si mesmo tempo para trabalhar *Sua Verdade Pessoal*. Dedique o tempo necessário para certificar-se de que entendeu as lições. O processo de crescimento e aprendizagem exigirá o tempo que for preciso—se você estiver com muita pressa, poderá perder algo importante.

Para aqueles que preferem ler rapidamente, você pode fazer isso na primeira leitura. Depois, você pode voltar ao livro, ler mais devagar, responder às perguntas e fazer as atividades em sua segunda leitura.

Independentemente de como você decida ler, *você* precisará fazer o trabalho para crescer como pessoa. Este livro ou qualquer outro livro é só uma ferramenta para ajudá-lo a chegar lá. Mas o verdadeiro trabalho vem de dentro.

Uma Introdução à Verdade

"Se você buscar a Verdade, ficará sozinho para sempre. Você não terá as conversas que almeja. Você se sentirá deslocado neste mundo. Você se destacará como uma mancha vermelha em um céu pálido (E um farol no vasto horizonte)."

— Kapil Gupta

Quando eu tinha 16 anos, meu primo Salvador me perguntou: "O que você quer da vida?" Pensei por um momento e disse: "Verdade. A verdade é o que eu procuro."

Há muito tempo que procuro a verdade e não é fácil encontrá-la. A citação de Kapil Gupta acima é a mais precisa que pude encontrar sobre o que significa buscar a Verdade. Se o texto o assusta, tudo bem. A verdade pode ser assustadora. No entanto, devemos ser corajosos e buscá-la de todo o coração para nós mesmos. O fato de você estar aqui lendo isso demonstra que você está pronto.

Apesar dos altos e baixos e voltas e reviravoltas na minha experiência na busca pela verdade, aprendi grandes lições ao longo do caminho que podem oferecer um roteiro para Sua Verdade Pessoal. Este livro ajudará a revelar a jornada e o caminho que você deve seguir para chegar à sua verdade. Vou discutir minha jornada, mas isso é apenas para lhe dar uma dica do que você pode encontrar na sua.

Uma verdade fundamental minha é que todos nós temos nossa própria Verdade. Para muitos de nós, essa verdade se manifesta como nosso próprio Tao—ou seja, um trajeto, uma estrada ou um caminho. Nossa verdade se torna nosso estilo de vida, e é por isso que muitos de nós podemos ficar tão ofendidos ou chateados se alguém nos contradisser. Levamos isso para o lado pessoal porque adotamos certas ideias como sendo inteiramente precisas e incontestáveis e como parte de nós mesmos. *Quando você contesta minhas verdades fundamentais, você está me negando e me machucando.* É assim que tendemos a nos sentir, de maneira geral.

É claro que algumas pessoas dirão que existe a verdade e a mentira—e que não há nada no meio. Em teoria, isso parece razoável. Mas, na realidade, há tanto que não sabemos. Não há uma maneira clara de provar que algo é verdade—apenas coletamos mais evidências para apoiar uma ideia. Mas, se um dado específico não corresponder à expectativa, o que você pensava ser verdadeiro pode ser comprovado como falso. Muitas vezes, nossas verdades são apenas mentiras que não foram provadas erradas ainda.

A verdade parece depender da escala temporal. Um fato específico pode ser válido por um mês, um ano, décadas, séculos ou milênios? Com tempo suficiente, a situação tende a mudar. O que era verdadeiro torna-se falso. Ou o que era falso torna-se verdadeiro. Por exemplo, humanos existem. Você pode olhar para si mesmo ou para as pessoas ao seu redor e ver que isso é óbvio. Mas os humanos existiram 100 milhões de anos atrás? Não. Eles estarão aqui nos próximos 100 milhões de anos? Eu acho que não, pelo menos não da mesma forma que existimos hoje. A "Verdade" de que os humanos existem é limitada pelo período que estamos vivendo, o que pode ser o caso de inúmeras outras ideias.

Se alguém afirma saber tudo ou ter todas as respostas, isso se torna problemático. Em muitos casos, podemos apenas ter diferentes perspectivas sobre uma questão. Muitos de nós nos empenhamos para encontrar uma única verdade que explique tudo, mas tudo o que temos no final podem ser vários pontos de vista. Você tem a sua Verdade ou Tao, e eu tenho a minha.

Pense nisso. Que tipo de perspectiva você tende a manter?

Lembre-se de que a matemática oferece uma perspectiva. A história ou experiência pessoal de alguém fornece outra visão. Diferentes autores sobre um tópico fornecem diferentes perspectivas e abordagens. Mas nem todos os pontos de vista são criados iguais. Alguns podem ter mais validade do que outros. Ainda assim, são maneiras diferentes de ver o mundo.

Eu vejo muitas verdades neste mundo—muitas maneiras de ver, acreditar e perceber. Mas quando eu era mais jovem, tinha a ilusão de que deveria buscar uma única verdade. Havia "a Verdade" e isso era tudo. Eu tinha por ela esse sentimento sagrado e nobre, mas onde está a evidência de uma única verdade? Seria mais simples se houvesse apenas uma verdade, mas, na realidade, pode não haver um único fato na existência com o qual o mundo inteiro concorde. Claro, um mundo de muitas verdades parece complicado e desorganizado—não queremos aceitar isso, mas esta é uma realidade prática. Eu posso ter minhas verdades, e você pode ter as suas.

Para exemplificar a verdade pessoal, uma pessoa pode ver o mundo como sendo majoritariamente feliz. Outros podem vê-lo como predominantemente triste. A pessoa feliz sorri para todos e enxerga a maioria das pessoas que encontra também como pessoas felizes. A pessoa triste anda carrancuda e enxerga a maioria das pessoas que encontra como pessoas tristes. As verdades que sustentamos acabam criando o mundo ao nosso redor.

Nossas verdades têm um poder imenso. Aquelas que escolhemos para nós mesmos tendem a se tornar nossa realidade, quanto mais acreditamos nelas. Todo mundo que conheço acredita em dinheiro. E assim, o dinheiro tem um poder tremendo e é tão válido quanto qualquer outra coisa. Mas se eu encontrar uma sociedade remota que não usa nenhuma moeda, eles vão rir do nosso dinheiro de papel e vão nos dizer que ele não vale nada. Para minha comunidade, o dinheiro é real e valioso. Por outro lado, é tão verdadeiro quanto o amigo imaginário de uma criança.

Eu falo de verdade aqui dependendo do quanto acreditamos em uma ideia ou em nossa perspectiva, e esta não é a verdade que fomos ensinados a entender. A verdade para a maioria de nós é uma questão do que é um fato ou não. Mas eu digo que os fatos dependem de nós, especialmente quando lidamos com nossas próprias vidas, com a dinâmica social, escolhas de vida e valores ou crenças.

Ao lidar com suas ideias pessoais, suas qualidades exclusivas e perspectiva de vida, você escolhe sua verdade. Ninguém pode decidir certos assuntos exceto você.

Quem conhecerá melhor a verdade da sua vida a não ser você mesmo?

Não estou dizendo que minha verdade é acreditar que o sol existe, e que talvez outra pessoa tenha uma crença alternativa. Eu quero dizer que talvez a verdade de uma pessoa seja que todos nós precisamos amar uns aos outros. A verdade de outra pessoa pode ser que todos nós precisamos amar nossos familiares e amigos mais próximos e não nos preocupar tanto com o resto. Qual delas é a verdade? Depende, pois todos nós teremos que escolher essas verdades para nós mesmos.

Leis, ciências e matemática só podem responder aos casos mais diretos e óbvios do que é verdadeiro e falso. Devemos descobrir nossa verdade para todas as áreas indefinidas ou todas as incertezas da vida. Acontece que essas partes incertas de nossas vidas podem constituir uma grande parte da própria vida.

O mundo real não nos fornecerá um caminho fácil e direto para a verdade. Você é responsável por decidir o que é verdadeiro para você e o que não é. Suponha que não haja evidências de algo em que você costumava acreditar. Nesse caso, você pode pesquisar mais evidências para ver se há outra verdade que você talvez não tenha considerado.

Alguns leitores podem estar pensando que algumas coisas são uma questão de crença, outras de perspectiva e outras são verdades. E tudo bem. Mas minha opinião é que há um ponto em que todas essas coisas podem se fundir em uma só. Posso chegar a um ponto em que entendo algo sobre mim com tanta firmeza que ninguém mais no planeta poderia me dizer o contrário. Ninguém mais poderia ser um melhor especialista sobre quem eu sou do que eu mesmo. E talvez eu pudesse chegar a esse nível de conhecimento em relação a outras coisas se me concentrasse nelas, aprendesse sobre elas, falasse com especialistas, testasse minhas próprias ideias e assim por diante. Chega um momento em que posso chegar a verdades às quais outros podem se referir apenas como crenças. E não me importo com isso.

Eu nunca vou descobrir uma verdade que convença o mundo. Mas se eu puder encontrar a verdade que me convence, e eu buscar o mais alto padrão de verdade, isso não é bom o suficiente? Isso não quer dizer alguma coisa?

Vamos considerar outro exemplo do que significa buscar uma Verdade Pessoal.

Se estou interessado na paz, e aprendo tudo sobre a paz e pratico a paz, então, o que acontecerá? Talvez eu chegue a um ponto em que cada pensamento e ação para mim sejam pacíficos. Então podemos dizer que a paz é minha verdade. Nesse caso, alguém chega até mim e diz que sou um tolo; pois existem guerras, abusos domésticos, violência com armas e assim por diante em todo o mundo. Então eu digo a ele que sim, esse é o estado do mundo, mas não o meu estado. Meu estado é paz, e paz é a minha verdade. Eu me tornei a personificação da paz.

Mas a vida dele se transformou em violência e frustração, e ele me dá um soco na cara porque discorda de mim. Quando isso acontece, muitas pessoas podem questionar o quão pacíficas elas realmente são. Mas esta situação seria apenas um teste do quanto estou realmente em paz. Eu poderia voltar a atenção dele para os pássaros cantando e para as crianças rindo e dizer a ele que há paz esperando por ele também. Ou eu poderia dar um soco nele, mas é claro, isso quebraria toda a paz que criei para mim.

Se eu passar minha vida lutando para encontrar a paz, e finalmente a encontro, e ninguém consegue tirá-la de mim, então minha verdade me levou à paz. Isso é Verdade porque vai além da ideia de uma perspectiva ou crença. Isso se torna a minha vida a partir daquele momento.

Por fim, este livro é sobre se perguntar:

O que importa nesta vida?

Qual é a Sua Verdade Pessoal?

Fatos bem documentados, como nomes das partes do corpo, não estão em questão aqui. Procure-os em uma enciclopédia, se desejar. Mas as verdades que irão guiar sua vida, ou mantê-lo acordado à noite, ou que conduzirão você ao propósito de sua vida são as que mais importarão para nós no final.

Suas Verdades Pessoais serão aquelas que você busca, que são testadas pessoalmente, que lhe custam um pedaço de si mesmo, mas que lhe oferecem muito mais no final. Vamos aprendê-las por meio de provações e tribulações. Por exemplo, quando você pensou que não poderia mais continuar e outro obstáculo apareceu. No entanto, em vez de escorregar e cair, você reúne um pouco de coragem e força e prova que é melhor do que pensava. É quando você aprende verdades novas e profundas que significam algo.

Agora, deixe-me contar como começou minha jornada da verdade, e como meu primo Salvador me ajudou a embarcar neste caminho.

Com apenas 16 anos, eu percebi que precisava buscar a verdade, mas não tinha ideia de como fazer isso. Eu não tinha um roteiro e achava que não tinha um guia. Mas meu primeiro guia foi Salvador. Uma das melhores ferramentas de raciocínio que todos temos é apenas fazer as perguntas certas. Não sei quanto tempo teria levado para perceber o propósito da minha vida de buscar a verdade se ele não tivesse me feito aquela pergunta direta: "O que você quer da vida?"

Agora, posso ver que muitas pessoas em minha vida me guiaram para o encontro da minha verdade. Curiosamente, as pessoas que me ajudaram nunca insistiram que tinham a única maneira certa de me guiar.

Normalmente, elas me mostravam sua perspectiva da vida, seu modo de pensar ou mesmo as perguntas que as mantinham acordadas à noite. Em alguns casos, eu vi as verdades pessoais delas na maneira como viviam suas vidas. Elas estavam trabalhando arduamente em algo que era importante para elas. Elas estavam encantadas e realizadas com suas vidas, ou ajudavam a todos que podiam.

A verdade está em tudo o que fazemos todos os dias. Para vê-la, só precisamos relaxar e abrir os olhos. Considere a natureza. Todos os dias, a natureza está nos ensinando e nos mostrando algo. Mas poderíamos dizer, por ignorância, que a natureza não está nos dizendo nada com palavras, em nossa linguagem natural. O vento não fala, nem os animais ou plantas. Eles não se expressam com palavras, mas talvez estejam nos dizendo algo se nos dispusermos a ouvir.

Às vezes, tenho esse Pensamento—*Se eu estivesse perdido no deserto, teria de abrir os olhos para a verdade da natureza. Eu teria que observar para onde os animais estão indo e por quê. O que estão comendo e bebendo e onde procuram abrigo?* Uma mente presa na necessidade de escapar pode entrar em pânico. Ao contrário disso, alguém que adota a verdade da natureza pode encontrar uma maneira de existir com ela.

Assim como a natureza frequentemente nos envia sinais, gosto de imaginar que existe alguma Verdade por aí me enviando sinais, e eu simplesmente tenho que achá-la. E quanto à sua verdade? Você tem recebido sinais durante toda a sua vida e simplesmente não prestou atenção suficiente? Talvez este livro o ajude a começar a perceber os sinais da Verdade que já estavam em sua vida o tempo todo.

Ao começarmos, tudo que peço é que você abra sua mente, seus olhos e sua vida para a Verdade. Desejo mostrar-lhe o Caminho para a sua própria verdade. Esse é o meu único propósito aqui. Eu serei seu guia.

PERGUNTAS-CHAVE

(Uma Introdução à Verdade)

1. Como você definiria a palavra "Verdade"?
2. O que você quer da vida? (por exemplo, verdade, conhecimento, sabedoria, felicidade, amor, sucesso ou outra coisa?)
3. Pense nas perspectivas fundamentais às quais você foi exposto em sua vida (por exemplo, política, religião, cultura, geografia, grupos sociais e assim por diante). Elas estão lhe oferecendo parte da verdade ou toda a verdade?
4. Quando você se concentra na natureza, qual é a verdade que você vê lá?
5. Qual é a parte mais genuína de você—suas crenças, pensamentos, palavras ou ações?

TOME UMA ATITUDE HOJE

(Uma Introdução à Verdade)

Ação: **Pense em alguém em sua vida que está disposto a fazer perguntas difíceis.** Para mim, esse foi meu primo Salvador. Ele sempre fazia perguntas que me faziam pensar mais profundamente sobre meus objetivos e o que eu queria conquistar nesta vida.

Quem é que está disposto a desafiá-lo e até mesmo deixá-lo desconfortável, se necessário? Quem o ajudará a abrir seus olhos para a verdade e direcioná-lo para um crescimento significativo em sua vida?

Quando você tiver essa pessoa em mente, ligue para ela. Você pode marcar um encontro ou enviar uma mensagem de texto, se preferir. Mencione um problema em sua vida ou algo que esteja te impedindo de progredir. Pergunte se ela estaria disposta a ajudá-lo. Mesmo que tudo o que essa pessoa faça seja ouvir enquanto você fala, isso ainda pode ser útil. O silêncio dela falará com você e você encontrará alguma verdade nesse espaço.

Motivo: O objetivo desta atividade é encontrar alguém em quem você possa confiar e que possa ajudar a abrir seus olhos para a verdade. O caminho para a verdade tende a se apresentar na forma de uma mentalidade questionadora. Quando você discute um problema, seu confidente provavelmente fará muitas perguntas para entender o que está acontecendo. Este processo ajudará a iluminar a sua verdade.

Dica: Procure uma pessoa que *não* esteja envolvida no problema com o qual você está lidando. Além disso, seja o mais sincero possível ao explicar sua situação. Não tente convencer essa pessoa de que você está certo e que todos os outros estão errados. Atenha-se aos fatos.

Antes de Continuar . . .

Como uma forma de agradecimento por sua leitura eu gostaria de lhe dar esse guia gratuito:

Intensifique Sua Aprendizagem: Ferramentas Gratuitas Para Aprender Quase Qualquer Coisa

Você já se perguntou quais são os melhores sites e recursos para aprender? Eu sei que eu já. É preciso tempo e esforço para descobrir quais sites valem a pena e quais não. Eu espero lhe poupar esse tempo para que assim você possa passar mais tempo aprendendo em vez de procurando na internet.

Nos últimos dez anos ou mais aconteceu uma revolução no aprendizado gratuito. Mais e mais recursos para a aprendizagem estão se tornando disponíveis ao público sem nenhum custo. Com tantos novos aparecendo por aí, seria fácil perder algumas das grandes oportunidades de aprendizagem disponíveis, se você não leu este guia. Ele é curto, com cerca de 3.000 palavras, e lhe diz exatamente o que você precisa saber.

Esse guia surgiu das minhas próprias experiências da utilização de uma variedade de sites e recursos de aprendizagem. Nele você vai descobrir os melhores lugares para aprender sem nenhum custo. Além disso, eu vou explicar quais recursos são os melhores para você, dependendo de suas metas de aprendizagem.

Você pode baixar esse guia gratuito na versão PDF digitando esse endereço em seu navegador: http://mentalmax.net/PT

Agora, vamos voltar ao tema.

Seu Propósito Principal é Buscar Sua Verdade Pessoal

"Viva sua verdade. Expresse seu amor. Compartilhe seu entusiasmo. Tome uma atitude em relação aos seus sonhos. Faça aquilo que você fala. Dance e cante a sua música. Abrace suas bênçãos. Faça hoje um dia digno de se lembrar."

— Steve Maraboli, *Unapologetically You*

Para mim, a verdade engloba tudo. A verdade não é apenas uma questão de você dizer a verdade sobre algo ou mentir sobre isso. A verdade penetra mais profundamente em nossas vidas. Tudo o que pensamos, dizemos, fazemos e sentimos é parte da nossa verdade pessoal.

Quando você se sente triste, e não discute isso com seu cônjuge ou sua família, e se coloca um sorriso no rosto o dia todo, então, de certa forma, você está vivendo uma mentira. Para descobrir a verdade, você precisaria se perguntar: *Por que estou me sentindo triste? Estou desapontado por algo não ter acontecido do jeito que eu queria? Estou chateado (a) porque alguém me maltratou?* Você tem que explorar o que é esse sentimento, por que você se sente assim e como ele representa quem você é para viver sua verdade.

A negação de sua tristeza ou qualquer outra emoção que você possa ter é uma negação de quem você é.

Quando você deseja dar um passeio no parque e não há nada melhor que você prefira fazer, mas seus amigos querem ir às compras, você pode se sentir pressionado (a) a se juntar a eles. Talvez, se isso acontecer de vez em quando, não seja um problema. Mas se acontecer regularmente de você querer fazer algo que nenhum de seus amigos deseja e se você se sentir pressionado (a) a se juntar a eles—então você pode sentir a falsidade invadindo sua vida. Você pode ficar chateado (a), fazendo coisas com as quais não se importa, tendo seu tempo roubado quando você poderia tê-lo usado para fazer algo mais divertido ou construtivo. Entenda que você vive uma mentira se não fizer mudanças para corrigir isso.

Quando você valoriza a paciência como uma qualidade importante, mas se pega com raiva na estrada, explodindo de raiva e gritando com outros motoristas, há uma incongruência. Você acredita que a paciência é uma qualidade importante e que devemos ser mais compreensivos. No entanto, você não está vivendo de acordo com esse padrão em sua própria vida. Quando você ignora seus valores e crenças, está vivendo uma mentira. Qual é a verdade? É normal ficar impaciente quando há algo importante que você queira fazer? Ou você deve ser paciente em circunstâncias desafiadoras? Normalmente, se vale a pena ter um valor, vale a pena mantê-lo mesmo em circunstâncias difíceis, não é?

Os exemplos acima são para mostrar que a verdade é muito mais profunda do que nossas palavras. Podemos contar mentiras com nossos pensamentos, crenças, sentimentos e ações. Você pode dizer a verdade com suas palavras, mas seu tom de voz ou linguagem corporal podem contradizê-la. O sarcasmo é um exemplo disso. Incongruências como essas são formas de mentir. Claro, muitas vezes, as pessoas ao nosso redor perceberão isso. Quando alguém é falso, você percebe, não é mesmo?

Na verdade, não é tão fácil ser um ser verdadeiro porque, para isso, seus pensamentos, crenças, sentimentos, palavras e ações precisariam estar alinhados, sem contradições entre eles. Isso é tão difícil de fazer que a maioria de nós nem mesmo tenta. A maioria de nós se concentra nas palavras e, assim, podemos evitar contar grandes mentiras ou, pelo menos, evitar contá-las com frequência.

No entanto, na verdade, focar apenas as palavras que dizemos é uma visão infantil. Quando somos crianças, aprendemos que devemos dizer "por favor" e "obrigado" para sermos educados. Mas se essas são as únicas regras que você segue, você tem uma visão relativamente simplista das boas maneiras. Da mesma forma, declarar palavras verdadeiras é o nível mais baixo de ser honesto.

Com a verdade sendo tão importante, devemos meditar regularmente ou refletir sobre como nossos pensamentos e ações são verdadeiros. Pense nisso: se você não for sincero consigo mesmo, você nega quem você é. Essencialmente, se você não é verdadeiro consigo mesmo, isso significa que você se acostumou a mentir para si mesmo.

Quando mentimos para nós mesmos, estamos mentindo para as pessoas ao nosso redor também. Temos que fugir dessas mentiras, pois elas não ajudam ninguém. A verdade é o único caminho que vale a pena seguir. Ela é mais profunda do que imaginamos. É o nosso propósito.

Por exemplo, muitos de nós podemos ter pensamentos como este no trabalho: *eu não sei a resposta correta para a pergunta que me fizeram, mas falarei algo que fará a pergunta parecer boba. Assim, pode parecer que eu sei o que estou fazendo.* Uma pessoa com esses pensamentos pode mentir para si mesma regularmente, dizendo a si mesma que é o melhor e mais experiente funcionário em seu trabalho. Mas na realidade, ele muitas vezes tem dificuldade e culpa todos os outros por sua ignorância.

E isso nos leva a um ponto interessante. Quando mentimos para nós mesmos, geralmente o fazemos para nos proteger da verdade. No entanto, na maioria das vezes, no fundo, já sabemos a verdade. Simplesmente a escondemos de nós mesmos para que possamos ter um espírito entusiástico e positivo. Mas essa positividade é apenas uma fachada se for proveniente de uma mentira.

Essa proteção de nós mesmos é desnecessária. Tratamo-nos como se fôssemos tão frágeis que não poderíamos lidar com uma simples verdade, mas esse não é o caso. Na minha vida, percebi que somos todos muito mais fortes do que pensamos. Podemos lidar muito mais com a verdade do que pensamos que podemos. Ela pode doer profundamente na hora, mas então aprendemos a seguir em frente. Isso é melhor do que viver uma mentira.

No passado, quando uma verdade sobre mim era incômoda, muitas vezes ficava infeliz em descobrir essa verdade—mas com o tempo, eu ficava grato por ela, pois era capaz de melhorar rapidamente quando percebia o problema.

Por exemplo, certa vez uma gerente me chamou de lado e me disse que eu não era um bom membro da equipe. Ela estava certa ao dizer que eu não estava contribuindo com os objetivos da equipe em nossas reuniões. Eu me concentrava no meu trabalho e fazia questão de terminar todas as minhas tarefas, mas era como um saco de batatas durante as reuniões, era distraído. No início, fiquei chateado porque a gerente chamou a minha atenção. Mas então percebi que o que ela havia dito era verdade e eu precisava fazer mais. Não era justo que todos contribuíssem e trabalhassem em nossos objetivos, e eu estivesse apenas à margem. As reuniões eram uma parte essencial do meu trabalho—eu só precisava me lembrar disso e levá-las a sério.

Pode ser difícil e doloroso reconhecer essas verdades. Ainda assim, elas geralmente nos fornecem um caminho para o crescimento e para a melhoria. Resista ao impulso de se esconder dessas verdades dolorosas. Não caia na armadilha de se sentir chateado com algo que aconteceu. Em vez disso, pegue o que aconteceu, analise e planeje fazer melhor.

A realidade é que quando escondemos a verdade de nós, geralmente estamos nos escondendo de nós mesmos. Existem partes de nós das quais não gostamos e, por isso, fingimos que elas não existem. Isso significa que criamos mundos de fantasia em nossas mentes em torno do que está acontecendo. Nós nos enganamos pensando que as coisas estão bem, mesmo que não estejam. Com o tempo, os problemas aumentam cada vez mais e continuamos a mentir para nós mesmos, agindo como se não houvesse problemas. Um dia, esses problemas explodem e algo que não pode ser desfeito acontece—perdemos um emprego, um relacionamento ou sofremos alguma tragédia horrível.

É tentador dizer uma mentira e depois outra e outra até acabarmos acreditando em nossas próprias mentiras. Mais cedo ou mais tarde, nossas mentiras não poderão esconder o mundo real. Levamos as coisas longe demais e elas se desintegram diante de nossos olhos. As mentiras entram em colapso e, potencialmente, nossas vidas também.

No final das contas, buscar a sua verdade é descobrir tudo. Se você é do tipo de pessoa que tem uma resposta ou uma solução para tudo, então talvez você já tenha uma boa ideia da sua verdade pessoal. No entanto, há sempre algo novo para aprender.

Sua verdade pode ser que sua família vem em primeiro lugar, e você fará de tudo e qualquer coisa que precisar fazer para ter certeza de que eles estejam seguros e bem cuidados.

A verdade de outra pessoa pode ser que sua missão de vida é ser um paramédico e ajudar pessoas que sofrem todos os tipos de ferimentos.

A verdade de outra pessoa pode ser que tudo o que ela deseja fazer da sua vida é ser feliz. Ela não quer se preocupar com todos os pequenos problemas—ela quer buscar a felicidade e ajudar seus entes queridos a fazer o mesmo.

Claro, qualquer pessoa pode ter várias verdades em suas vidas. Por exemplo, minha família, meu trabalho, e minha busca para aprender e compreender muitos domínios diferentes fazem parte da minha verdade.

No entanto, há uma verdade que está acima das demais, que é o foco deste livro:

Estamos aqui para buscar nossa verdade e vivê-la.

Para algumas pessoas, isso pode ser fácil. Todos nós conhecemos alguém que tinha tudo planejado desde criança. Ele sabia o que queria fazer desde muito jovem. Ele trabalhou muito nisso e acabou se tornando bem-sucedido. No entanto, para a maioria de nós, a vida não é tão simples. Com a devida justiça, mesmo para a pessoa cuja vida parece simples, ela provavelmente enfrentará muitos desafios também.

Se você já teve dificuldade em escolher um curso universitário, uma carreira ou um relacionamento, provavelmente teve dificuldade em buscar a sua verdade. Essa luta faz parte do processo. É o seu estímulo para encontrar sua verdade pessoal.

Quero ajudá-lo a encontrar sua verdade porque ela é um conceito fundamental que influencia *todas* as partes de nossas vidas. Esta é uma ideia tão ampla que algumas pessoas podem pensar que não é útil focar a Verdade como uma ideia geral. Em vez disso, elas podem acreditar que devemos nos concentrar em encontrar um propósito, dizer a verdade ou aprender sobre nós mesmos. Mas eu diria que vale a pena tentar ir até o fim, para descobrir o máximo possível da nossa verdade. Ao fazer isso, todas as partes significativas de nossas vidas se reunirão em um todo unificado.

Devemos nos esforçar para viver a nossa verdade porque temos muitos lados diferentes de nós mesmos que podem entrar em conflito se permitirmos que isso aconteça. Em vez disso, precisamos lutar pela harmonia pessoal. Essa harmonia é nossa verdade. Quando todas as suas partes estão trabalhando juntas como um eu harmonioso, você encontrou a sua verdade.

A verdade, essencialmente, é sobre nos tornarmos nós mesmos. Nascemos e somos cuidados por pais que nos criam de acordo com quem acham que devemos ser. Ainda assim, depois de certo ponto, torna-se nossa tarefa determinar quem realmente somos.

A sua verdade é a mesma dos seus pais e das pessoas com quem você cresceu? Parte da sua verdade é a mesma da deles? A sua verdade é inteiramente sua e não se sobrepõe à deles? Seja como for, está tudo bem, mas a chave é buscar a sua verdade. Esta é a jornada que você deve seguir.

Na juventude, você pode ter vivido a verdade de sua mãe ou de seu pai ou a verdade de um irmão mais velho, mas em algum momento você tem que se perguntar: "Qual é a minha verdade?" "Vou viver a vida de quem—a minha ou de outra pessoa?" "Que fracassos eu vou viver—os meus ou os de outra pessoa?" Quando você vive a vida de outra pessoa, você viverá para experimentar fracassos que não são seus. Este pode ser o pior fracasso de todos.

Uma das maiores verdades de todas é que estamos aqui para encontrar nossa verdade. Fazer isso significa nos tornarmos quem devemos ser e conquistar o que devemos conquistar. Uma alternativa é divagar, se sentir perdido, não ter certeza de quem você é e nem qual é o seu propósito. Isso também faz parte da vida, mas, felizmente, podemos aprender a lutar pela nossa verdade com eficiência e minimizar o tempo que divagamos e nos sentimos perdidos.

Vamos considerar por um momento—o que acontece se você simplesmente não buscar a sua verdade e a ignorar?

Infelizmente, aquelas pessoas que não buscam sua verdade podem acabar vivendo a vida de outra pessoa. Elas podem acabar mentindo para si mesmas sobre quem são e falham em entender-se plenamente. Essas pessoas podem não atingir todo o seu potencial. Elas terão conflitos internos, puxando-as em diferentes direções. Elas podem facilmente confiar no que outra pessoa afirma ser a verdade, visto que não conseguiram desenvolver sua essência ou fonte interior da verdade.

No final de suas vidas, elas podem perceber que toda a sua vida nunca foi delas. Era tudo mentira, de certa forma. Esta é uma tragédia a ser evitada.

Ao contrário do que parece, a verdade não é apenas para quem está disposto a procurá-la. Ela é também para aqueles que estão prontos para desmascarar a falsidade e ver o que está lá, que é o seu verdadeiro eu.

Neste momento, a sociedade não foi construída para ajudá-lo a encontrar sua verdade. Suponha que você tenha pais atenciosos ou um excelente sistema educacional. Nesse caso, você pode ter a sorte de encontrar algumas pessoas que o ajudarão a guiá-lo em direção à sua verdade. Mas, na maioria das vezes, as pessoas e os sistemas ao nosso redor querem nos ensinar sua versão da verdade. E elas não querem ouvir nada que entre em conflito com isso.

Entenda que nossa verdade acaba se tornando parte de nós mesmos. Se alguém desafiar seus pensamentos mais profundos, você naturalmente se sentirá ameaçado. Isso é algo que devemos aprender a superar. Você deve se sentir seguro para desafiar a versão da verdade de outra pessoa, e os outros devem se sentir seguros para desafiar a sua. É assim que crescemos, nos adaptamos e aprendemos. Os desafios são uma coisa boa, não algo a ser evitado.

No entanto, antes de desafiar a verdade de alguém, temos que considerá-la por tudo o que ela é. Uma maneira de fazer isso é praticar considerar o *Campo da Verdade*. Por exemplo, quando vejo alguém, ou vejo onde moram ou trabalham, posso sentir um campo de energia que é a sua verdade. Aqui estão algumas qualidades que eu posso notar: ordem, limpeza, fotos ou objetos que indicam valores específicos, e a capacidade de pensar criticamente. Esses e outros atributos lhe darão pistas sobre a Verdade de uma pessoa.

Sintonize-se com os Campos da Verdade de outras pessoas. Permita que sua mente se esvazie ocasionalmente para que você possa ver como os outros estão vendo o mundo. Muitos de nós ficamos paralisados pensando: *O que vou dizer a seguir?* Ou, *o que vou fazer a seguir?* Esqueça essas coisas e, em vez disso, concentre-se no que está ao seu redor e abra-se para essa Verdade.

Se você fizer isso, você se abrirá para as maneiras de ver e perceber de outras pessoas. Então, com o tempo, você chegará mais perto da sua própria Verdade.

PERGUNTAS-CHAVE

(Seu Objetivo Fundamental é Buscar Sua Verdade Pessoal)

1. Seus pensamentos ou crenças estão em conflito com suas ações?
2. Quais são alguns pensamentos que você costuma ter que servem para te proteger de uma verdade incômoda ou inconveniente?
3. Alguém tentou convencê-lo de sua verdade recentemente? Você estava aberto a isso ou não?
4. Quais são as três partes mais críticas da sua vida? (por exemplo, valores específicos, prioridades, ou metas)
5. O que é uma verdade incontestável em sua vida? Isso pode ser sobre você ou sobre a vida em geral.

TOME UMA ATITUDE HOJE

(Seu Objetivo Fundamental é Buscar Sua Verdade Pessoal)

Ação: **Escreva uma Verdade que você guarda dentro de você e que não foi ouvida por ninguém em sua vida.** Talvez você tenha um sonho, mas as pessoas de quem você gosta não querem ouvir. Talvez algo tenha acontecido com você, mas a maioria das pessoas pensa que você está exagerando ou elas simplesmente não acreditam em você. Ou, talvez você se sinta cansado diariamente por sentir que deve viver sua vida de uma maneira em particular, mesmo que isso vá contra a sua vontade.

Se ajudar, **pense em uma ocasião em que seus sentimentos foram feridos.** Às vezes, isso acontece porque uma pessoa essencial em sua vida não está ouvindo sua versão da verdade. Ou talvez alguém não o tenha aceitado pelo que você é. Existe uma parte de você que você tem lutado para se expressar?

Motivo: Para andar no caminho da verdade, pensar em uma verdade que foi negada em sua vida pode ajudar. Quando você reconhece algo que não foi ouvido ou expressado de forma adequada, isso o ajudará a começar Sua Jornada Pessoal da Verdade.

Dica: Ninguém precisa ler isso. Você pode anotar seus pensamentos e jogá-los fora logo depois, se quiser. Mas escrever é uma atividade poderosa que pode nos ajudar a articular verdades das quais estivemos nos escondendo.

Ninguém Pode Lhe Dar a Verdade—Você Deve Buscá-la Por Conta Própria

"Acredite naqueles que buscam a verdade.
Duvide daqueles que a encontram."

— André Gide

Ninguém pode dar a Verdade a você. Isso ocorre por muitas razões, mas a principal é que você é a única pessoa com sua perspectiva de vida. Imagine os objetivos de um inseto. Ele precisa encontrar comida e evitar ser comido ou morto por criaturas maiores. Essas são as verdades fundamentais de sua vida.

Mas você não é um inseto. Você é um ser humano em uma situação e contexto únicos. Portanto, as verdades mais importantes para a sua vida serão diferentes das de um inseto ou de qualquer outro ser humano.

Eu gosto de ler livros para aprender as verdades de outras pessoas, mas essas verdades geralmente são escritas por alguém em um contexto completamente diferente, que cresceu de maneira diferente e teve diferentes lutas, oportunidades e maneiras de ver o mundo. Por mais que eu goste de um livro, sempre tenho em mente que essas são as verdades de outra pessoa. Eu tenho que descobrir meu caminho.

Mesmo que as verdades de alguém façam muito sentido para mim, irei processá-las do meu jeito e chegar ao meu entendimento sobre elas. Não é útil para mim ler algo e, em seguida, copiar e colar suas ideias em minha mente. Acredito que as ideias foram feitas para crescer e evoluir.

Nossas vidas e mundos estão em constante mudança e adaptação. Portanto, as ideias que vemos como verdades também devem crescer, mudar e se adaptar às nossas circunstâncias pessoais.

Ninguém pode dar a verdade a você. *Pense no seguinte*: se eu lhe der a verdade e você aceitar porque sou mais inteligente, mais sábio, li mais livros e sou mais educado, ou por qualquer outro motivo, então você está aceitando algo como verdade sem ter pensado sobre ou sem descobrir por si mesmo.

Eu poderia muito bem ter alimentado você com mentiras, porque mais cedo ou mais tarde, alguém o fará e, se você não estiver pensando criticamente, você vai aceitar tudo.

Entenda que a verdade não vem facilmente. Na realidade, você a deve descobrir por si mesmo. A incômoda verdade sobre a verdade é que ela não é fácil de encontrar. Ninguém vai oferecê-la a você. E, mesmo que isso aconteça, você deve se esforçar para descobrir o quanto disso realmente se aplica à sua situação.

Você tem que se acostumar a fazer perguntas como:

- Isso é verdade?
- Isso NÃO é verdade?
- Como eu sei a diferença?
- Alguém está tentando me fazer acreditar em algo porque isso os beneficia?
- Como posso confiar se essa pessoa ou fonte tem toda a verdade?
- Isso faz sentido? (por exemplo, usando lógica, bom senso, sabedoria, intuição ou razão)

Como seres humanos, confiamos muito rapidamente. Todos os dias faço uma pequena viagem para deixar minha esposa no trabalho. No caminho, geralmente vejo algumas pessoas atravessando a rua enquanto olham para seus celulares. Olhar para uma placa que diz "siga" e, em seguida, atravessar a rua distraído com o celular é como obter todas as suas informações de uma única fonte e acreditar sem questionar. Quando você vê o sinal de "siga", está obtendo suas informações apenas de uma perspectiva. Outra perspectiva seria olhar ao redor antes de atravessar.

Talvez tenha um motorista bêbado que não se importa com a verdade. Ele bebeu demais, e todas as luzes parecem verdes para ele enquanto ele luta para permanecer consciente. Ou talvez alguns adolescentes estejam dando um passeio de carro e nem mesmo têm carteira de motorista. Se fosse esse o caso, você gostaria de estar mais alerta, não distraído.

O sinal de "siga" indica que a sociedade geralmente concorda que você deve conseguir atravessar com segurança, mas isso não é garantia no final.

Quais são os sinais de "siga" nos quais você confia para lhe dizer a verdade no seu dia a dia? São as notícias? Seus amigos mais próximos? Pessoas com diplomas ou títulos?

Lembre-se de que não existe um caminho único e fácil para a verdade. Em último caso, cada situação pode ser vista de diferentes pontos de vista. Abra sua mente para ver mais perspectivas, e isso pode ajudá-lo a encontrar sua verdade.

Como um exemplo de por que é útil abrir sua mente e ver as coisas de mais pontos de vista, considere isso. Se você for à biblioteca e aprender sobre buracos negros em uma enciclopédia, as informações podem estar erradas porque estão desatualizadas. Suponha que você leia sobre as mesmas ideias na Wikipédia. Nesse caso, a informação pode estar incorreta porque, de brincadeira, alguém pode ter enchido a página de erros. Resumindo, cada fonte com a qual você aprende pode conter algum erro ou mentira. Da mesma forma, qualquer ponto de vista único pode falhar em fornecer a você toda a verdade.

No entanto, quando você aprende com uma ampla variedade de fontes, você pode diminuir os erros. Você pode ver que alguns fatos são estáveis e consistentes na forma como são referenciados. Ou você pode notar que outros "fatos" são instáveis, e muitas vezes são relatados de forma inconsistente, ou onde cientistas e outros especialistas tendem a discordar uns dos outros.

Em geral, devemos estar dispostos a absorver a verdade de cientistas e especialistas se eles concordarem em algo. E, claro, se faz sentido, se é lógico e razoável. Mas e se eles não concordarem ou se a informação for irracional? Nesses casos, há espaço para você apresentar sua versão da verdade. Isso não significa que você apenas inventaria uma história conveniente que combine com você. Em vez disso, significa que você usa seus recursos mentais para desenvolver um entendimento, provavelmente considerando algumas informações e análises de especialistas.

O que muitas vezes esquecemos é que existem erros ou mentiras na versão da verdade de todos. Ninguém detém a versão perfeita da verdade para si. *Considere o seguinte*: você já notou como é fácil detectar as falhas em como os outros pensam, mas não é tão fácil ver isso em nós mesmos? Tendemos a acreditar que nossa maneira de pensar é perfeita e verdadeira porque deixamos de identificar as falhas em nossa própria mentalidade.

Outra coisa a considerar é que só porque as pessoas ao seu redor tendem a ter pontos de vista semelhantes, isso não os torna corretos. Isso só significa que eles geralmente tiveram as mesmas experiências e passaram um tempo com pessoas que pensavam e acreditavam da mesma maneira.

Há uma citação que eu sei de cabeça mas que, infelizmente, não sei a fonte. Aqui está minha recriação dela:

"Como é que a alma gêmea de uma pessoa quase sempre acaba sendo alguém que vive a não mais de 80 quilômetros de distância? Não é incrível que de todas as pessoas no planeta, esta fosse a pessoa que deveria ser nosso único amor verdadeiro, e elas viviam tão perto?"

Você pode ter ouvido falar de algo assim no passado. Muitos de nós entendemos a ideia quando se trata de relacionamentos—todos nós queremos pensar que encontramos o único amor verdadeiro de nossas vidas. Ainda assim, racionalmente, é difícil nos convencer de que simplesmente tivemos a sorte de encontrar essa pessoa perto de onde crescemos ou vivemos. Talvez sua verdadeira alma gêmea tenha nascido em outro país e fale outro idioma. Talvez elas nasceram até mesmo em outro século.

No entanto, quando se trata de compreender a verdade, muitas vezes deixamos de ver esse mesmo padrão. A verdade é que, onde você cresceu, muitas pessoas tendiam a ter uma maneira particular de ver o mundo. Elas tinham sua versão da verdade e, ao crescer ao redor delas, você absorveu essa versão da verdade como se fosse sua. Mas entre todos os lugares onde você poderia ter nascido, o quão sortudo você é por ter crescido no único lugar que entendia a verdade absoluta? Em vez disso, não é muito mais provável que você tenha sido criado com uma perspectiva específica, que talvez seja uma *versão* da verdade?

Preste atenção na minha linguagem aqui. Eu não acredito que a vida seja tão simples. Nem sempre estamos lidando com verdades e mentiras absolutas. Muitas vezes, temos diferentes versões da verdade ou diferentes *graus* da verdade.

Por exemplo, considere a famosa parábola indiana (traduzida ao inglês por John Godfrey Saxe) sobre seis cegos apresentados a um elefante. Eles nunca tinham visto um, e não sabem o que é. Então, eles começam a tocá-lo em lugares diferentes.

> *"Ei, o elefante é um pilar,"* disse o primeiro homem que tocou
>   sua perna.
> *"Oh, não! Ele é igual a uma corda,"* disse o segundo homem que tocou
>   na sua cauda.
> *"Oh, não! Ele é como um galho grosso de uma árvore,"* disse o terceiro
>   homem que tocou a tromba do elefante.
> *"Ele é como um grande leque,"* disse o quarto homem que tocou a
>   orelha do elefante.

"Ele é como uma enorme parede," disse o quinto homem que tocou a barriga do elefante.

"Ele é como um cano sólido," disse o sexto homem que tocou a presa do elefante.

Os homens começaram a discutir sobre o elefante quando um homem sábio passou e disse-lhes que todos estavam certos. Tudo era uma criatura só, e todos eles sentiram uma parte diferente dela. Os cegos então entenderam e pararam de discutir.

A verdade pode ser como um elefante. Todos nós temos vislumbres das partes de algo, mas pensamos que vemos toda a verdade. Ficamos convencidos de que nosso Tao ou Caminho da Verdade é O caminho, o que é muito improvável que seja o caso. Talvez você esteja certo sobre a sua verdade, para a sua própria vida, mas se você presume que isso torna as outras pessoas erradas, você pode estar enganado. Pode haver diferentes versões da verdade que todos nós estamos vendo, já que existem diferentes partes do elefante que os cegos podem sentir.

Agora você pode ver que para qualquer verdade dada a você, ela não é realmente dada, porque você deve refletir sobre ela. Você deve processá-la e considerar se essa verdade merece fazer parte da sua verdade pessoal. Considere se a perspectiva de alguém pode ser adaptada às suas circunstâncias. Você pode aplicá-la ou torná-la relevante para sua vida? Essa verdade oferece algo útil para você, ou não? É melhor esquecê-la ou você deve mantê-la em mente para o caso de poder usá-la mais tarde, mesmo que pareça irrelevante no momento?

Se você encontrar alguém que quer lhe dar "a verdade", e ela insiste que você deve ouvi-la, então esta é uma situação em que você tem motivos para ser cético. Por que essa pessoa é tão persistente em querer que você veja sua versão da verdade? Talvez elas queiram ajudá-lo, ou talvez queiram que você acredite no que elas fazem, porque isso as ajudará a alcançar seus objetivos. Também é possível que elas tenham recebido algo que pensaram ser verdade. Elas nunca questionaram e agora acreditam que faz sentido tentar convencê-lo disso.

Devemos questionar a verdade, digeri-la, processá-la e senti-la. A verdade não é algo para assimilar parado diante de uma tela, absorvendo-a. Você escolhe em quais partes vale a pena focar, quais devem ser deixadas de lado para uma consideração mais profunda e quais devem ser rejeitadas, pois simplesmente não se alinham com o seu verdadeiro eu.

Talvez a maioria das pessoas ao seu redor concorde com certas verdades. Porém, é útil pensar nas verdades, mesmo que elas pareçam óbvias. Você pode desenvolver melhorias para versões da verdade que outros simplesmente presumiram ser verdadeiro. Você pode descobrir que não acredita totalmente em algumas ideias amplamente aceitas. Ou você pode descobrir que algumas delas não fazem sentido para você ou que causam injustiças. Elas podem até mesmo ser baseadas em raciocínios falhos ou vir de um líder que não foi devidamente testado ou questionado.

No fundo, chegar à verdade é realmente pensar. Acreditamos estar aprendendo a pensar por grande parte de nossas vidas, mas talvez estivéssemos aprendendo a não pensar. Quando nos deparamos com um tipo de problema, aprendemos que você o resolve seguindo um conjunto específico de etapas. Aprendemos que, quando uma autoridade nos diz algo, o fazemos sem questionar. Aprendemos que só havia uma maneira de compreender. Possivelmente, algumas das coisas fundamentais que aprendemos estavam erradas. Talvez se tivéssemos sido ensinados a questionar mais, teríamos aprendido a pensar mais profundamente e a descobrir nosso caminho em direção à nossa verdade.

A realidade é que a maioria de nós tendia a seguir as verdades que foram convenientemente expostas para nós. Como eu disse antes, quais são as chances de que as crenças particulares das pessoas ao seu redor simplesmente sejam a única verdade completa e precisa? Talvez seja apenas uma parte do quadro geral.

A realidade é que ninguém vai lhe dar a verdade. Você precisará descobrir por si mesmo. Então você pode aprender a pensar por si mesmo e, finalmente, decidir o que é legítimo ou não por si mesmo.

Claro, isso não é fácil de fazer, mas este é o caminho em direção à sua verdade.

Outros caminhos muitas vezes levam apenas à aceitação cega da versão da verdade de outra pessoa.

Eu o encorajo a abrir sua mente para diferentes perspectivas e possibilidades. Pense por si mesmo, em vez de esperar que alguém faça isso por você. Além disso, faça perguntas difíceis e não se conforme com soluções apenas porque são convenientes. Isso o ajudará a entender o que é verdade para você. O mais importante na vida é descobrir Sua Verdade Pessoal.

PERGUNTAS-CHAVE

(Ninguém Pode Lhe Dar a Verdade—Você
Deve Buscá-la Por Conta Própria)

1. Com que frequência você se faz perguntas desafiadoras sobre você mesmo e as experiências de sua vida? Você poderia se beneficiar fazendo isso mais vezes?
2. Você esperava que alguém lhe desse a Verdade? Por quê? Qual foi o resultado?
3. Você costuma fornecer sua versão da verdade às pessoas em sua vida? O que faz você acreditar tão fortemente nela?
4. Existe uma visão da vida que você presumiu ser totalmente precisa—e mais tarde descobriu que discordava dela?
5. Alguém já compartilhou uma verdade com você e você ficou grato por sua perspectiva reveladora?

TOME UMA ATITUDE HOJE

(Ninguém Pode Lhe Dar a Verdade—Você
Deve Buscá-la Por Conta Própria)

Ação: **Crie sua definição de um conceito importante em sua vida.** Eu o desafiaria a explorar alguns conceitos que são vistos como fundamentalmente importantes para muitos, mas dos quais as pessoas frequentemente discordam. Lembre-se de que o fato de as pessoas discordarem sobre isso implica que existem diferentes perspectivas ou verdades sobre essas ideias.

Por exemplo, *considere o que essas palavras significam para você:*

Amor, felicidade, família, amizade, bom, mau, conhecimento, sabedoria, confiança, verdade, dor, tristeza, dinheiro e honra.

Escolha uma que seja a mais importante para você, ou que atualmente seja a mais relevante em sua vida.

Se você não encontrar uma palavra que o agrade, escolha a sua. Quando estiver pronto, escreva sua definição sobre ela. É vital que você *não* procure no dicionário. Eu recomendo que você defina o significado da palavra.

Motivo: Quando se trata de ideias importantes, aceitar a definição de outra pessoa é apenas aceitar sua verdade. Em nossa juventude, aceitamos as perspectivas ao nosso redor como verdade, absorvendo-as. Mesmo à medida que envelhecemos, muitos de nós presumirão que essas verdades que nos cercam são verdades absolutas. Ainda assim, o desafio de nossas vidas é entender que elas são apenas perspectivas e que cabe a nós buscar nossa verdade. Como adultos, uma maneira de começar esse caminho é definir palavras e ideias para nós mesmos.

Dica: Não se conforme com uma definição curta de uma frase. Se algo é crítico para você, trabalhe para definir os limites do que a palavra significa. Por exemplo, com a palavra "Amor", em que ponto a intenção de amar não é suficiente? Em que ponto um gesto de amor não tem sentido se não houver um histórico de ações de amor? Quando palavras de amor não são suficientes? Onde está o limite entre amar e não amar? Como você sabe quando o vê? Como você se apaixona e como você deixa de amar? Existem laços de amor inquebráveis? E por quê?

Depois de escrever sua definição detalhada desse conceito, você pode pesquisar a palavra no dicionário ou pesquisar online como outras pessoas definiram essa palavra. Como sua definição se compara à deles?

A Verdade é Elusiva e Devemos nos Redirecionar Para Ela

"A verdade é, de fato, um conceito elusivo. Depende quase inteiramente de onde você está naquele momento. É um instinto humano confundir crença com verdade."

— Gwen Ifill

Você pode ter entendido, pelo que leu nos capítulos anteriores, que a verdade é elusiva. É porque ela é.

No decorrer do tempo, você encontrará clareza em sua jornada pela verdade, mas ela tende a nos escapar nos estágios iniciais. Você já se sentiu frustrado por querer a verdade, mas não havia um caminho claro para chegar lá? Claro, não é só porque você a quer que ela convenientemente aparecerá na sua frente.

Buscar a verdade pode ser frustrante e entendo que algumas pessoas achem mais fácil esquecê-la. Elas podem apenas querer viver suas vidas com conforto e serenidade e não precisam se preocupar com a verdade. Ou podem achar mais fácil presumir que tudo é exatamente o que parece ser e totalmente verdadeiro. Mas essas ideias podem se transformar em negação. Querer que as coisas sejam verdadeiras não as torna verdadeiras.

Eu estou em busca da verdade. E espero que você se junte a mim.

Algumas das maiores alegrias que encontrei foram em descobrir as coisas por mim mesmo. Em 2020, comecei a escrever minhas Verdades para o mundo em www.RobledoThoughts.com — você está convidado a visitar. Não quero que ninguém aceite minhas verdades cegamente — em vez disso, quero que você use meus escritos para ajudar a descobrir tudo por você mesmo.

Lembre-se de que, no início de sua jornada pela verdade, a verdade é elusiva.

Parte da razão para isso é que muitas pessoas e grandes ideias em nossas vidas podem ser contraditórias. Quem está certo? Todos insistem que estão corretos, mas frequentemente as opiniões dos diferentes grupos são conflitantes. Todo mundo pode não estar certo. Então, em quem você deve confiar?

Que verdades as pessoas-chave em sua vida têm apontado para você?

Considere seus pais ou os adultos que o criaram. Com base em como eles vivem suas vidas, você provavelmente aprendeu muito com eles. Às vezes, você pode nem ter percebido que estava absorvendo ideias e hábitos de seus pais. Por exemplo, quando sua mãe fica ansiosa, como ela reage? E quanto ao seu pai? Você tem uma reação semelhante a um deles? Se você tem, é fácil presumir que seja genético, mas muito provavelmente, isso é algo que você absorveu em sua educação. Você viu os padrões dos seus pais todos os dias, e alguns deles se tornaram seus. Isso se tornou a maneira padrão de viver sua vida.

Talvez até mesmo tenha se tornado sua verdade.

Pense nisto: Quando você crescia, seus pais respeitavam ou admiravam pessoas de certas profissões? Eles gostavam de seus empregos? Eles valorizam ganhar dinheiro ou seguir sua paixão? Sua carreira acabou refletindo os desejos deles ou você seguiu um caminho diferente?

Você adotou as verdades deles ou descobriu as suas? Ou algo no meio do caminho?

Nossos pais exercem uma influência tremenda sobre nós. Sei que muitos jovens não querem acreditar ou até se recusam a acreditar. Mas quando você passa tanto tempo com seus pais, as ações deles afetam você.

Muitas outras forças nos influenciam além de nossos pais. Em que país você cresceu? Pessoas em países diferentes tendem a fazer suposições diferentes, acreditar em coisas diferentes e até ter percepções diferentes. O que você acha que é cultura? Em última análise, ela é uma expressão da verdade de um país. O que a maioria das pessoas no país acredita ser a verdade decidirá como o povo desse país se comportará. Suponha que você tenha adotado a forma de perceber a realidade do seu país. Nesse caso, você se identificará com a cultura dominante—se não, pode se identificar mais com uma subcultura ou talvez apenas trilhar seu próprio caminho.

E os seus amigos? O que eles pensam, sentem e em que acreditam? Isso influenciou o que você acredita ser verdade? Frequentemente, nossos colegas ou amigos têm pontos de vista diferentes dos de nossos pais ou dos idosos. Eles também terão interesses diferentes. Como acontece com todos os grupos, há uma grande variação. Alguns amigos podem nos encorajar a ficar indiferentes e perder tempo, insistindo que nada importa. Outros podem ser ambiciosos e trabalhar duro, seguindo os desejos de seus pais. Outros podem achar essencial reservar um tempo para o trabalho e se divertir—eles podem simplesmente aceitar isso como uma parte da vida, onde você trabalha, mesmo que não goste, para poder ganhar dinheiro para se divertir. Talvez seus amigos tenham crenças ou maneiras diferentes de pensar e ver as coisas, e tudo bem.

A questão é que você será exposto às verdades deles toda vez que os vir. Esses amigos não vão necessariamente dizer a você seu Tao ou a maneira deles de ser e ver, mas eles os viverão por meio de suas ações. Um amigo pode parar inesperadamente em sua casa, pedindo que você o acompanhe a um show. Ele está dizendo a você com suas ações que todos devem estar sempre prontos para começar uma aventura—a vida é espontaneidade. Outro amigo diz que está ocupado estudando ou indo à Igreja quando você liga para ele—sua vida é mais estruturada, responsável e planejada. Não existe jeito certo ou errado. Mas ao ser exposto às verdades de diferentes pessoas, você começará a ter uma impressão. O que parece certo para você? Qual é a sua verdade?

Podemos ir ainda mais fundo. Talvez uma escola (ou clube, ou evento) que você frequentou fosse conhecida por ser frequentado por pessoas inteligentes, ou atléticas, ou criativas e artísticas. Você foi para uma escola que tinha uma reputação em particular, para melhor ou para pior? E essa cultura acabou influenciando a maneira como você se via? Se você foi para uma escola criativa, as habilidades criativas se tornaram mais importantes para você enquanto estava lá? Ou você escolheu essa escola porque valorizava a criatividade?

Entenda que cada grupo ao qual você pertence, cada membro da família e amigo com quem você passa o tempo e qualquer notícia ou mídia que você consome—tudo isso está influenciando a sua verdade. A probabilidade é que a direção média para onde todos estão apontando é a direção para a qual sua verdade o levará. Se sua escola ou trabalho, família e amigos valorizam a expressão criativa, então provavelmente você também, e você pode aspirar a desenhar, escrever ou atuar para expressar esse seu lado.

No entanto, e se houver uma grande divisão? E se sua família for organizada, trabalhadora e tradicional, mas seus amigos forem espontâneos, quiserem se divertir e não se preocuparem com nada? Nesse caso, você tem uma escolha a fazer. Qual é a sua verdade, o seu caminho para viver?

Viver nossa verdade não é apenas um exercício intelectual. Em alguns casos, podemos decidir fazer experiências com nossas vidas, tentar algo novo e ver aonde isso nos leva. Em outros casos, podemos não escolher um caminho específico e, em vez disso, decidirmos viver diferentes lados de nós mesmos.

Quando você valoriza todos os seus grupos—como escola, trabalho, amigos, família, clubes, etc., e deseja ser querido por todos eles, você pode descobrir que está sendo coisas diferentes para pessoas diferentes. Até certo ponto, isso é normal. Todos nós temos papéis diferentes. Uma pessoa pode ser mãe, filha, cônjuge e advogada. Todas essas funções são diferentes, e exigem habilidades e abordagens diferentes. E nenhum delas necessariamente entra em conflito com a outra. Alguém motivado poderia cumprir todas essas obrigações com sucesso.

No entanto, há um ponto em que podemos levar as coisas longe demais. Você pode descobrir que está se comportando de maneira respeitosa com seus pais tradicionais. Ainda assim, com seus amigos jovens, você pode se comportar de uma maneira completamente diferente, desconsiderando totalmente a ideia de respeito. Da mesma forma, na frente dos professores ou do seu chefe, você pode se comportar e seguir todas as regras. No entanto, quando eles não estão olhando, você pode procurar oportunidades para quebrar todas as regras que puder. Quando você está com seus amigos esportistas, você fala e age como eles, mas se transforma em outra pessoa quando está com seus amigos criativos e sensíveis. Você pode mudar a si mesmo para satisfazer o grupo no qual está.

Nesse caso, quem é você realmente? Você é diferente para pessoas diferentes? É possível que algumas partes de você entrem em conflito? Talvez sua verdadeira natureza seja como a do camaleão, e você se sente melhor consigo mesmo quando pode desempenhar diferentes papéis. No entanto, se você se sentir dividido, como se fosse apenas um ator, é hora de redescobrir um caminho em direção à sua verdade.

Alguns desses exemplos podem se aplicar a você, mas talvez não. Talvez você veja que em algum ponto poderá ir longe demais. Podemos tentar ser tudo para todos e perder quem somos. Quando você se perde, isso significa que você não está trilhando o caminho da verdade. Você deve procurá-la mais uma vez e retornar ao seu verdadeiro eu.

O que nos impede de viver nossa vida é o medo de que alguém não nos aceite pelo que somos, ou que zombe de nós, ou não nos compreenda, ou simplesmente nos critique e nos julgue. Nós nos preocupamos com essas coisas, e isso pode nos manter presos a viver a verdade de outra pessoa em vez de viver a nossa.

A verdade tende a ser elusiva porque muito do que queremos entra em conflito com ela. Podemos querer ser amados, o que pode se transformar em querer ser popular e, então, em querer ser famoso. Ou podemos querer comprar algo, o que pode se transformar em um desejo de comprar itens mais caros e, então, em um desejo de ser rico. Ou podemos querer nos sentir melhores em relação às nossas vidas, o que pode se transformar em um desejo de nos sentirmos superiores aos outros e, então, em um desejo cada vez maior de poder. Muitos de nós temos esses desejos, mas eles tendem a nos afastar da verdade.

Para ir um pouco mais fundo nesses exemplos, ser popular ou famoso não tem qualquer substância. Frequentemente, as pessoas obcecadas por essas coisas serão levadas a viver uma mentira porque, quando mentimos para as pessoas, podemos fazer com que gostem de nós mais rapidamente. Podemos mentir e fingir ter os mesmos motivos, interesses e objetivos que outras pessoas, apenas para sermos aceitos. No entanto, os laços e amizades que construímos são falsos e frágeis se fizermos isso.

Da mesma forma, quando se trata de dinheiro, mentir para as pessoas pode ser um atalho para consegui-lo mais rápido.

Quando se trata de poder, mentir em momentos estratégicos ou se apresentar de forma mais lisonjeira pode te ajudar a adquirir mais poder.

Então podemos ver que a popularidade, o dinheiro e o poder não são necessariamente uma mentira em si mesma. Mas sentir-se atraído por eles em vez de por algum bem maior tende a afastar as pessoas da verdade.

Algumas das coisas mais comuns que as pessoas sempre desejaram foram discutidas agora: ser popular ou ter dinheiro e poder. Em resumo, grande parte da sociedade será afastada da verdade. Elas podem ser levadas tão longe da verdade a ponto de se olharem no espelho um dia e não reconhecerem mais o rosto que veem.

Você tem se olhado no espelho ultimamente? Você sabe quem está olhando para você?

Vamos supor que muitas das pessoas que conhecemos estejam lutando por popularidade, dinheiro e poder. Nesse caso, eles podem acabar não tendo muita ideia quem são. É triste dizer, mas às vezes nossas buscas podem nos levar diretamente à mentira se não tomarmos cuidado.

Como lembrete, meu objetivo aqui é ser um guia para você, para ajudá-lo a encontrar verdades importantes para você. Essas são as verdades que o ajudariam a viver a vida que você deveria viver, que é a melhor vida para você. Parte dessa função significa alertá-lo sobre os caminhos que podem afastá-lo da sua verdade.

Em minha experiência, popularidade, dinheiro e poder são mais significativos e gratificantes quando você os adquire por viver sua verdade, não por tentar obtê-los diretamente.

Vamos voltar à nossa ideia central deste capítulo. Por que a verdade é elusiva? Um dos principais motivos é que, muitas vezes, as pessoas ao seu redor estarão mal orientadas. Tendemos a ser enganados ao pensar que elas já sabem tudo, mas elas raramente sabem. Se você seguir o conselho daqueles que estão perdidos, é provável que também se sinta perdido, se afastando da verdade. Compreenda que só porque a maioria das pessoas em sua vida está seguindo um caminho, isso não significa que elas estejam corretas. Não significa que seja o caminho que você deva seguir.

Tenha cuidado antes de escolher seguir alguém. Você deve primeiro se perguntar: *Essa pessoa me conduzirá em direção à minha verdade ou para longe dela? Eles se importam com a minha verdade?*

Algo que aprendi há muito tempo é que a maioria das pessoas ainda *não* descobriu a verdade. A maioria das pessoas não encontrou sua verdade.

Elas podem ter visto partes dela, mas não muito mais que isso. Elas podem ter experimentado o gosto de sua realidade, mas não muito mais que isso. Elas podem ter visto o caminho que precisavam seguir e começaram a percorrê-lo, mas não muito mais.

A maioria de nós vive a verdade média das pessoas mais próximas de nós, como amigos, família, vizinhos e colegas. O que quer que eles pensem, nós pensamos. O que quer que eles façam, nós fazemos. Somos como um espelho com os mesmos pensamentos, crenças, desejos, ações e, em última análise, as mesmas verdades.

Em alguns casos, isso pode ser bom e útil, mas isso pode nos atrapalhar em outros casos.

Infelizmente, a maioria de nós está apenas vivendo as verdades mais convenientes que nos foram transmitidas. Quer discutamos ética, política ou quais valores seguir, sua verdade pode ter sido apenas o que a maioria das pessoas ao seu redor acreditava ou aquilo a que você foi exposto primeiro.

Gostamos de pensar que estamos mapeando nossas próprias vidas, descobrindo as coisas por conta própria. Mas estamos mesmo? O caminho não foi convenientemente traçado para nós, e nós apenas o seguimos? Eu faço esses comentários aqui não para criticar, mas para nos encorajar a pensar mais profundamente sobre o caminho de nossa vida. Esta verdade conveniente diante de nós é nossa ou de outra pessoa?

Quero deixar claro aqui que o caminho da conveniência não é necessariamente errado. A maioria das perspectivas contém alguma verdade. Se seus pais lhe disseram para trabalhar duro e ficar longe de problemas, como alguém pode argumentar contra isso? Claro, é bom trabalhar duro e ficar longe de problemas. Mas, por mais fácil que seja concordar com essas ideias, também é importante questioná-las. Você deve sempre se sentir confortável o suficiente para questionar, para descobrir a verdade por si mesmo e do seu jeito.

Se seus pais o aconselharam a trabalhar duro, considere o que realmente significa "trabalhar duro". Algumas pessoas trabalham muito e prejudicam o corpo, ou não conseguem descansar o suficiente e sofrem um acidente de trabalho. Algumas pessoas trabalham duro, mas cometem os mesmos erros repetidamente, forçando-as a trabalhar mais e por mais tempo para compensar. Elas podem trabalhar duro, mas conquistam muito pouco.

Trabalhar duro pode ser uma qualidade positiva, mas depende de como abordamos isso.

E o que significa "ficar longe de problemas"? Às vezes você não consegue ficar longe de problemas. Às vezes, os problemas encontram você—o que você faz então? Não nos falaram por que os problemas podem surgir de várias formas. É difícil estar preparado para todo tipo de problema que pode surgir. Os mais velhos nos dizem para ficar longe de problemas com um bom motivo. A melhor maneira de ficar longe de problemas é evitá-los completamente. No entanto, quando os problemas o encontram, às vezes você não tem escolha a não ser se tornar parte deles.

Ao alertá-lo de que a maioria de nós aceita as verdades que nos são dadas, não quero que você sinta que deve se rebelar contra todas as ideias convenientes em sua vida. É provável que haja alguma verdade fundamental nas perspectivas às quais você foi exposto. Você simplesmente precisa pensar sobre isso sozinho e talvez testar o que funciona para você. Pare de presumir que uma verdade que foi passada a você era de fato a verdade suprema.

Lembre-se de que verdades convenientes são necessárias para o funcionamento da sociedade. Imagine se um bebê nunca tivesse sido exposto a nenhuma das perspectivas que valorizamos na sociedade. Isso seria como se perder na floresta. Não haveria verdade ali. Os pais do bebê não estariam lá para proteger, ensinar ou ajudar. Sem entender o que é verdade e sem ninguém para guiar o bebê por um caminho verdadeiro, ele não sobreviveria. Precisamos de algumas verdades convenientes para servir de ponto de partida quando somos jovens—mas depois disso, devemos seguir nosso próprio caminho.

Por exemplo, algumas verdades convenientes podem ser tratar as pessoas mais velhas com respeito, compartilhar com os amigos e que você deve assumir a responsabilidade por suas ações. Suponha que você tenha aprendido essas coisas na escola ou com seus pais. Nesse caso, elas são convenientes porque você simplesmente as seguiu. Então você foi recompensado por segui-las ou punido por não fazê-lo. Não estou sugerindo que esses valores sejam errados. Só estou dizendo que eles são convenientes. Eles nos oferecem um exemplo de verdades que as pessoas ao nosso redor sustentam e transmitem para nós.

Ser exposto a diferentes verdades à medida que você cresce não é tão ruim. É uma coisa linda receber orientação na vida.

Mas a verdade absoluta e universal permanece indefinida. Verdades universais são princípios ou ideias que acreditamos que sempre se aplicam. Essas são ideias como: *Eu deveria sempre dar às pessoas o benefício da dúvida*. Essa mentalidade funciona até o momento em que tiram vantagem de você. Outra ideia pode ser: *Eu devo sempre fazer o meu melhor*. Essa mentalidade também funciona até você perceber que sempre fazer o melhor pode custar sua saúde. Outra ideia pode ser: *Eu sou um artista muito talentoso, destinado à fama e à riqueza*. A teoria faz sentido até que conheça um artista ainda mais talentoso que decide que seu trabalho não é bom.

Quando pensamos que temos essas verdades universais, muitas vezes estamos errados. É melhor entender que você só tem um pedaço da verdade.

Quando você capta uma parte da verdade, o resto escapa de você. Você entendeu apenas um pequeno detalhe que se aplica a um caso, em um ponto no tempo, mas o resto se foi.

Você pode pensar que sabe a verdade, mas isso é só porque você não pode saber o que não sabe.

Você não pode ver o que ainda não viu.

Entenda que o caminho para a verdade é uma jornada. A verdade tende a nos iludir, mas ainda assim vale a pena buscá-la. Quanto mais verdade você encontra, mais você descobre sobre Você, e mais você se torna quem você realmente deveria ser.

Aqui está um aviso sobre a verdade que ninguém quer admitir.

Hoje, você aprenderá algo que o fará pensar que já sabe tudo. Você se sentirá ótimo, como se finalmente tivesse descoberto a verdade. Amanhã, você aprenderá algo que o fará questionar o que você pensava que sabia. No dia seguinte, você perceberá que estava parcialmente certo para começar, então nem tudo está perdido. Mais tarde, você se questionará mais uma vez, percebendo que algumas coisas que você achava que faziam sentido, não fazem mais. Então, você questionará toda a sua abordagem. Em seguida, você perceberá que deixou de considerar algo importante, o que o obriga a recomeçar do início.

Então, depois de anos de trabalho árduo, algo mágico acontecerá.

As estrelas se alinharão. Você terá a maior revelação de toda a sua vida. Você não tem ideia de como não tinha visto isso antes. Agora, está tudo claro. Ela estava lá o tempo todo, esperando que você a encontrasse. A solução era tão básica. Você não pode acreditar que não tinha pensado nisso antes.

Tudo que você pensava que sabia antes estava errado. Agora, você tem a verdade em suas mãos.

Não, espere um segundo.

Você cometeu um erro. Você falhou em considerar uma coisa.

Ok, sem problemas, você leva em consideração aquela parte que você esqueceu, e agora tudo faz sentido novamente.

Você finalmente descobriu a verdade!

Mas não—a verdade escorrega de seus dedos como grãos de areia.

Então você a tem de novo.

Então ela se vai.

Em toda a sua frustração, você decide dar um tempo.

Então, o tempo acabou.

Você trabalha duro, consegue ajuda e faz algum progresso.

Depois de anos de trabalho, você sente que está prestes a fazer um grande avanço.

As nuvens estão se abrindo e o sol está brilhando mais forte do que nunca.

Talvez, apenas talvez, desta vez você consiga enxergar a verdade? Quem pode dizer?

Esta é a jornada em direção à verdade. Quando você acha que a tem, tenha cuidado.

A verdade é elusiva. Redirecione-se para ela.

PERGUNTAS-CHAVE

(A Verdade é Elusiva e Devemos
nos Redirecionar Para Ela)

1. O que você realmente quer, se conseguir silenciar as vozes de todo mundo em sua mente?
2. Qual é a intuição natural, emoção, crença e ação que você está inclinado a realizar antes de considerar o que todo mundo quer e espera de você?
3. Você pode viver como o seu verdadeiro eu agora ou algo o está afastando disso?
4. Existe uma verdade sobre algo que você deseja sinceramente saber, mas tende a escapar de você?
5. Neste momento, você sente que sabe a sua verdade ou que está em busca dela?

TOME UMA ATITUDE HOJE

(A Verdade é Elusiva e Devemos
nos Redirecionar Para Ela)

Ação: **Hoje, vá observar as pessoas.** Procure alguém que não pareça nem um pouco autoconsciente. Em outras palavras, procure alguém que esteja em seu estado natural. Essa pessoa pode estar caminhando, lendo ou vendo uma loja. Não importa o que ela esteja fazendo, apenas preste atenção.

Pergunte a si mesmo: Esta é uma pessoa que conhece sua verdade pessoal, que está perdida ou que está em algum lugar entre os dois?

Tente olhar mais profundamente para alguém e ver por baixo da fachada, títulos, sucesso ou fracassos de suas vidas.

Conecte-se com alguém, mesmo que esteja à distância. Como é o dia dessa pessoa? Qual é a sua verdade? Quanto você pode aprender sobre alguém em um curto período, apenas observando? Você pode se surpreender. Por não conhecer essa pessoa e não ter uma expectativa específica, você pode estar na posição de observar seu verdadeiro eu.

Motivo: Com esta atividade, com sorte, você abrirá seus olhos e verá que, independentemente da aparência ou status de alguém, muitas vezes um indivíduo terá dificuldade para se apegar à sua verdade. Pessoas que parecem no topo do mundo em um ambiente podem parecer incertas e perdidas em outro—ou vice-versa. Todos os dias, vemos apenas o lado das pessoas que elas escolhem nos mostrar.

Dica: Observe à distância de uma forma que não interfira com o que essa pessoa está fazendo. Não siga alguém para locais diferentes—permita que as pessoas tenham seu espaço. Ajuda parecer que você está fazendo algo, como lendo um livro ou tomando um lanche. Dessa forma, não parecerá que você está simplesmente observando alguém. E, claro, se você deixar alguém desconfortável, pare de observá-los.

Precisamos Nos Conhecer Antes de Sabermos Outras Coisas

"Um ser humano tem tantas camadas por dentro, cobrindo as profundezas do seu coração. Sabemos tantas coisas, mas não conhecemos a nós mesmos! Ora, trinta ou quarenta camadas ou peles, grossas e duras como as de um boi ou urso, cobrem a alma. Vá para o seu próprio terreno e aprenda a se conhecer lá."

— Meister Eckhart

Em minha busca pela verdade, cheguei a esta conclusão — *Como poderíamos saber alguma coisa se não nos conhecemos?* Tudo o que estamos processando e entendendo neste mundo acontece através de nós. Tendemos a esquecer que o cérebro faz parte do próprio universo. E o cérebro está processando *tudo*. Devemos tentar entender a maneira como nossa mente funciona para que possamos compreender a nós mesmos e o universo.

A ilusão com que somos apresentados todos os dias é aquela em que aprendemos informações objetivas sobre o mundo ao nosso redor. Vejo um bebê e acho que o estou vendo genuinamente. Eu vejo uma flor e acredito que realmente a vejo—o mesmo com o sol, com um pássaro e com o chão abaixo de mim.

Não, eu não vejo essas coisas como elas são. Tudo o que eu vejo e percebo está vindo através dos meus sentidos e da minha perspectiva. Tudo é filtrado por mim e como isso me afeta. Se estou com frio, o sol é ótimo. Se estou com calor, quero evitar o sol. O sol não mudou tanto quanto minha perspectiva em um determinado momento do dia.

Quando você aprende suas necessidades, desejos, pensamentos e hábitos e entende sua perspectiva pelo que ela é, você pode começar a ver a verdade maior lá fora. Aprenda a verdade sobre você e quem você é, e você começará a ver a realidade de um universo mais amplo. Curiosamente, quanto mais você vê que seus caminhos são falsos e enxerga as limitações de sua perspectiva, talvez mais perto da verdade você fique.

Entenda que sua mente é a principal ferramenta que você usa para compreender e, portanto, você deve aprender pelo menos alguns dos princípios básicos sobre como ela funciona.

Por exemplo, um astrônomo deve ser bem instruído sobre um telescópio e como ele funciona antes de usá-lo. Como uma ferramenta tão poderosa, ele a usará para ver coisas que estão incrivelmente distantes, como planetas e asteroides. Tentar utilizá-lo para ver através de objetos ou ver objetos próximos seria ridículo. Não é para isso que ele foi projetado.

Lembre-se de que o cérebro é uma ferramenta que tentará dar sentido a tudo. Você vê algo, e isto é apenas um padrão de neurônios disparando em seu cérebro. Este padrão se torna sua realidade. Você sente isso em seu cérebro e depois em seu corpo como sua realidade. E talvez seja mesmo. Ou talvez seja apenas sua perspectiva exclusiva. Você tem que aprender a ver quando há uma diferença.

Até aqui considerei principalmente nossa percepção consciente, que é o que o cérebro nos permite ver. Mas há muitas coisas que não estão disponíveis para vermos. Existem partes de nós que não podemos acessar.

Este é o subconsciente. Ele está abaixo da nossa percepção consciente.

Uma vez que temos um subconsciente que é amplamente ignorado ou inexplorado, devemos admitir que não nos conhecemos muito bem.

Quanto das experiências de uma pessoa estão no subconsciente? Não podemos confirmar isso, pois essas partes não nos são acessíveis. Pode ser 10%, 50% ou 90%. Talvez algumas pessoas que sofreram traumas escondam algumas dessas experiências ou pensamentos e sentimentos relacionados em seu subconsciente. Em última análise, o subconsciente está lá para nos proteger de verdades prejudiciais.

Agora, vamos considerar o seguinte: Até que ponto você se conhece? Essa é uma questão fundamental, mas não tão fácil de responder. Acabei de lhe dizer que uma parte desconhecida de nós mesmos está no subconsciente. Se for esse o caso, é difícil ter certeza de quão bem nos conhecemos.

Então, vamos simplificar a pergunta. Você conhece bem o seu eu consciente? Mesmo aqui, podemos descobrir que não sabemos tanto quanto pensamos que sabemos.

Gostamos de pensar que nos conhecemos e nos entendemos, mas você já foi colocado em uma situação inesperada ou nova? Você reagiu de maneira diferente do que esperava? Isso provavelmente aconteceu porque você não teve nenhuma experiência anterior da qual julgar o que fazer. Você pode ter acabado reagindo com base na emoção, intuição ou instinto. No final, talvez você tenha exagerado, ou pode até ter se sentido oprimido e congelou em vez de agir.

A maioria de nós vive em circunstâncias normais ou esperadas, dia após dia. Em geral, sabemos o que enfrentaremos e como tendemos a reagir a esses eventos. Nos conhecemos até o ponto que estamos lidando com circunstâncias comuns e cotidianas. Mas raramente nos conhecemos em situações que passam dos nossos limites.

Quando você é colocado em uma situação fora do esperado, você pode conhecer um novo você. Isso pode ser bom ou ruim, é claro. Acho que é bom ir além da nossa zona de conforto. Ainda assim, todo mundo tem limites, e ir longe demais pode ser traumatizante, então isso deve ser evitado.

Considere algumas dessas circunstâncias que extrapolam os limites. Imagine se isso acontecesse com você:

- Você herda 10 milhões de dólares inesperadamente.
- Você está em um caixa eletrônico e alguém puxa uma faca para você e diz para você passar o dinheiro.
- Você se encontra perdido no meio do deserto. Você não tem comida, água ou abrigo.
- Um estranho na rua trata você mal e o assedia e não para de segui-lo—você não fez nada para provocar isso.
- Você ganhou um prêmio Nobel, ou o maior prêmio que alguém poderia obter em sua área.
- Você está jantando em um restaurante chique e um estranho começa a cuspir na comida das pessoas à sua mesa.
- Você está em uma competição intensa e está prestes a vencer quando fracassa terrivelmente no último minuto (por exemplo, você está correndo uma maratona e tropeça e cai, e outra pessoa ganha).
- Você está indo para o trabalho quando vê uma escola pegando fogo. Há centenas de crianças lá dentro, sem saber que o prédio está pegando fogo. O fogo está intenso e ninguém está fazendo nada a respeito.
- Sua conta bancária está zerada sem nenhuma explicação, e ninguém em seu banco consegue descobrir qual é o problema.

Você sabe o que faria nesses casos? Às vezes pensamos que sabemos, mas não sabemos até que nos deparamos com diferentes situações que passam dos nossos limites.

E chegamos a um ponto crítico aqui. Você pode ser capaz de descobrir a sua verdade mais rapidamente quando se esforçar ao máximo. Não é essencial fazer isso em *todas* as áreas de sua vida. Mas pode fazer sentido desafiar-se mais em *algumas* das áreas mais importantes para você. Claro, às vezes a vida pode levar você ao limite, quer você peça ou não.

Por exemplo, talvez você tenha acabado de receber uma grande oportunidade de emprego do nada, mas é em outro estado. Você está animado e decide que seguirá em frente e se mudará. Quando sua melhor amiga descobre isso, ela fica triste e com raiva de você. Ela sente que você a está traindo ao se mudar. No entanto, sua verdade está dizendo que você precisa explorar um novo lugar e um novo emprego para viver de acordo com o potencial da sua vida. Essa amizade pode ser um dos relacionamentos mais importantes de sua vida, mas você pode decidir testá-la. Por mais próxima que esta amiga seja, você precisa embarcar nesta jornada sozinho.

Talvez sua amiga fique muito chateada e tenha dificuldade em aceitar que você decidiu abandoná-la, pelo menos do ponto de vista dela. Claro, se vale a pena manter essa amiga, você deve encontrar uma maneira de fazer as pazes e manter contato. No final das contas, se a amizade não sobreviveu à mudança, talvez fosse hora de fazer novos amigos. Você pode decidir evitar ter amigos que só vão atrapalhá-lo, impedindo-o de viver a sua verdade.

Entenda que tudo que você aprende e tudo que você vivencia é processado por você mesmo. Isso é óbvio, não é? Mas considere isso mais profundamente. Tudo é processado e filtrado por sua mente, emoções, sentimentos, crenças, pensamentos, experiências anteriores, desejos e objetivos. Tudo o que você lê, vê ou experimenta é filtrado por você mesmo. Por esse motivo, você deve se conhecer.

Aprenda a estar ciente de suas próprias distorções, pois elas o desviarão da verdade. Por exemplo, se você admira e idolatra alguém, você pode não conseguir ver nada de errado no que a pessoa faz. Você pode presumir que essa pessoa está certa sobre tudo e segue cegamente a verdade dela, em vez de buscar a sua própria. Em vez disso, é melhor explorar a si mesmo para compreender seus pontos de vista e limitações. Dessa forma, você será capaz de ver a verdade maior.

Ao explorar e descobrir a sua verdade, tenha cuidado se houver pessoas ao seu redor que são muito inflexíveis quanto à busca da verdade. Todos nós temos o direito de buscar nossa verdade, mas às vezes as pessoas são muito contundentes e se esquecem de levar em consideração sua verdade. Ouça a verdade delas e mantenha-as em mente, mas não permita que isso afogue sua vontade e espírito.

Como uma nota de cautela, preste atenção se houver pessoas em sua vida que insistem que você viva de acordo com a verdade delas. Esteja ciente de que existem grupos a que você pertence que não se importam com a sua verdade e só se importam com o quanto você acredita na verdade deles. Se isso acontecer, você pode ser desviado de sua verdade pessoal, pois se torna limitado pelo modo de compreensão deles. Em vez disso, será mais proveitoso seguir seu próprio caminho.

Ao buscar a sua verdade, perceba que você não tem o quadro completo. O quadro completo está sempre se desdobrando diante de nós, nesta realidade, neste universo. E quando pensamos que o capturamos, ele muda. O universo não é estático—ele está evoluindo, mudando e se adaptando.

Você deve ter cuidado se achar que já tem a verdade. Sentir-se assim gerará obstáculos para você descobrir mais da sua realidade. É saudável ter dúvidas, pois assim você pode estar aberto para explorar, aprender e descobrir mais da verdade que ainda está esperando por você.

Compreenda isto: ao conhecer-se mais profundamente, você estará em melhor posição para identificar a verdade real. No entanto, o maior erro que você pode cometer é presumir que sua perspectiva é a verdade única. Em vez disso, ela é apenas uma parte da verdade. Só isso.

Lembre-se de ter cuidado com as verdades que parecem fáceis demais—aquelas em que todos ao seu redor acreditam, aquelas nas quais seus pais insistem, ou seu gerente, ou seus colegas. As perspectivas deles não são necessariamente falsas—mas questione se os pontos de vista deles merecem fazer parte da sua verdade. Se você se vir acreditando em todos os fatos convenientes—por exemplo, se eles fazem você se sentir bem consigo mesmo, ou é simplesmente mais fácil concordar com as pessoas ao seu redor, então você deve dar um passo para trás e questioná-los.

Você pode não questioná-los publicamente, mas pelo menos faça isso por você.

Frequentemente, estamos cercados de histórias em nosso dia a dia. Nós simplesmente não percebemos que isso é o que elas são. Nós confundimos essas histórias convenientes com a verdade. Em vez de ser a verdade, elas tendem a ter *alguma* verdade nelas. As histórias podem convencer as pessoas a agir, fazer as pessoas se sentirem parte de um grupo ou acreditar em algo. No entanto, elas raramente fornecem a você toda a verdade.

Considere as histórias de sua vida e as verdades ou mentiras delas. Existem histórias que você conta sobre si mesmo? Sobre os outros? Quão precisas são essas histórias?

Na maioria das histórias que as pessoas contam, elas se apresentam como heróis. Quem escreve a história costuma ser aquele que se apresenta como o herói. Isso é verdade ou apenas uma questão de perspectiva? Claro, quando você encontra um grupo que acredita em uma coisa e outro grupo que pensa o contrário, isso geralmente é uma questão de perspectiva. No final, ambos os grupos podem ter parte da verdade.

Você sabe o que quer da vida? Você conhece suas verdades mais profundas? Se a resposta for sim, isso é algo que você conta ao mundo com alegria? Às vezes, é melhor manter esse conhecimento para você.

É importante saber o que você quer. Mas considere que muitas vezes esses desejos apresentam uma vulnerabilidade, um ponto fraco para alguém intervir e dizer o que você quer ouvir. Quando eles dizem o que você quer ouvir, eles podem manipulá-lo para conseguir o que desejam.

Se você deseja um relacionamento de longo prazo, por exemplo, alguém pode descobrir isso e fingir ser aquilo você procura. Eles podem fazer isso mesmo que prefiram um relacionamento de curto prazo, simplesmente porque acreditam que é melhor assim. Em sua busca pela verdade, você deve entender que algumas pessoas não têm problema em mentir para conseguirem o que querem.

Quando sabemos o que queremos, temos que ser honestos conosco. Mas também devemos considerar *não* expor isso para o mundo todo. Se você ama ou confia em alguém, então, é claro, você pode compartilhar o que está em seu coração com essa pessoa.

Além disso, pode valer a pena simplesmente fazer cara de paisagem e *não* divulgar para o mundo o que você acha que é a verdade ou o que você deseja. Quando as pessoas convenientemente oferecem o caminho para o que você deseja, pode ser para que possam tirar vantagem de você, para conseguir o que desejam de você. Quando você faz cara de paisagem, elas não sabem exatamente o que você quer e, portanto, elas podem revelar mais do seu verdadeiro eu para você.

Nesta vida, os outros tentarão oferecer um mapa para tudo o que você está querendo. Mas e se não soubermos o que queremos?

Lembre-se da ideia principal desta seção: **Devemos nos conhecer antes de sabermos qualquer outra coisa.**

Esta pode ser uma ideia desafiadora de compreender totalmente, mas vamos considerar alguns exemplos de como isso pode funcionar.

Suponha que você nunca foi amado ou nunca amou alguém. Como você pode ler Shakespeare ou literatura que gira em torno deste tópico e realmente entendê-lo? Como você pode ver pessoas apaixonadas nas ruas e saber o que elas estão sentindo? Claro, para conhecer o amor, você deve dá-lo, aceitá-lo e explorar o que isso significa em sua própria vida. Você deve experimentar o que é o amor se algum dia quiser compreendê-lo no mundo ao seu redor.

É assim que funciona em muitas partes da vida. Não é apenas com o amor. Por exemplo, vamos considerar a violência. Em algum momento, mesmo quando você era criança, você pode ter agido de forma violenta. Você pode ter ficado frustrado por não ter conseguido o que queria e decidiu bater ou empurrar alguém. Ao praticar esse comportamento, você aprendeu que possui uma parte de si mesmo que pode se tornar violenta. Você percebeu que poderia ficar com raiva ou ser impulsivo.

E ao explorar algumas dessas partes de você mesmo, talvez você tenha conseguido entender melhor como a violência pode acontecer no mundo. Pode ser porque alguém queria muito alguma coisa e não conseguiu. Pode ser porque a pessoa não tinha adultos em sua vida para monitorá-la e ensiná-la que esse comportamento era errado (exceto em casos de autodefesa, por exemplo). Quando uma grande injustiça aconteceu ao seu redor, você pode ter sentido que possivelmente poderia recorrer à violência.

Independentemente de você ver a violência como aceitável em alguns casos ou não, provavelmente você pode entender como algumas pessoas recorrem a ela. Mesmo que você prefira não agir desta forma, provavelmente já experimentou algumas emoções que podem levar à violência—inveja, raiva, egoísmo, impulsividade e assim por diante.

Por ter visto a violência, por ter sentido vontade de bater ou empurrar, talvez até mesmo por ter sido espancado ou empurrado em algum momento, você entende o que ela é. Agora você pode ler sobre guerras ou ataques vingativos e compreender em algum nível por que isso está acontecendo, mesmo que discorde. Mas se você não tivesse vivenciado isso por conta própria, como entenderia no mundo ao seu redor?

Todos nós sabemos que a violência não é aceitável, moralmente. Aprendemos isso quando crianças na escola. Mas ela ainda é uma realidade da vida. Se pudermos começar a entender nossa natureza violenta (mesmo se não agirmos de forma violenta), então poderemos saber por que ou como a violência existe no mundo.

Afinal, acredito que sabemos coisas sobre o mundo porque as conhecemos em nós mesmos. Como o clima, árvores, pássaros ou o sol, todas essas coisas são processadas e filtradas por nossa mente, pensamentos, crenças, desejos, experiências anteriores e ações.

Quando você vê uma árvore, ela é processada por meio de seus olhos, cérebro, conhecimento e compreensão delas, seus sentimentos sobre as árvores, suas crenças sobre elas e suas experiências anteriores. Tendemos a esquecer que, se você tocar uma árvore, todas as experiências com ela acontecerão em sua mente. Claro, a árvore existe lá fora, no mundo real—não apenas em sua imaginação, mas como você experimenta essa árvore é exclusivo para você. No final, você só pode conhecer aquela árvore tão bem quanto conhece a si mesmo.

Talvez a árvore tenha uma alma e uma vontade, mas se você não conhece sua própria alma e vontade, como pode descobri-la na árvore ou em outra vida ao seu redor? Suponha que você não se deixe emocionar por nada. Então, como você pode ter empatia com os sentimentos de outra pessoa ou com os dilemas de uma árvore? Compartilhamos muitas experiências com uma árvore—nós crescemos, podemos viver até uma idade avançada, nos nutrir com água e podemos nos beneficiar da luz solar.

Aqui está uma passagem esclarecedora que pode ajudá-lo a ver as árvores de forma diferente e, por sua vez, pode ajudá-lo a se ver mais profundamente:

> "Para mim, as árvores sempre foram as sacerdotisas mais profundas. Eu as reverencio quando elas vivem em tribos e famílias, em florestas e bosques. E eu as reverencio ainda mais quando estão sozinhas. Elas são como pessoas solitárias. Não como os eremitas que fugiram por alguma fraqueza, mas como grandes homens solitários, como Beethoven e Nietzsche. Em seus ramos mais altos o mundo sussurra, suas raízes repousam no infinito; mas elas não se perdem lá, elas lutam com toda a força de suas vidas por uma única coisa: cumprir-se de acordo com suas próprias leis, construir sua própria forma, representar a si mesmas. Nada é mais sagrado, nada é mais exemplar do que uma árvore linda e forte."—Herman Hesse, *Bäume. Betrachtungen und Gedichte* (Árvores. Reflexões e Poemas)

Quanto mais você se conhece, melhor entenderá a árvore. E ao dedicar um tempo para conhecer uma árvore, você se conhecerá mais profundamente.

Agora, vamos considerar alguns outros pensamentos e perguntas que podem nos ajudar a nos entender ainda mais.

Quanto você sabe sobre o olho humano? Sobre o cérebro? Sua alma? Ou sobre seus desejos? Quanto você sabe sobre suas motivações? Como você se sente sobre sua vida?

O que você acredita e pensa sobre o mundo e seu estado—de onde você conseguiu essas informações? Elas foram dadas a você ou você as processou sozinho? Você se concentrou nos fatos ou nas conclusões a que outras pessoas chegaram? Os "fatos" foram convenientemente fornecidos a você, ou você trabalhou para processá-los e analisá-los por conta própria?

O quanto você sabe sobre por que deseja o que deseja? O que você sabe sobre o seu consciente e subconsciente? E quanto aos sonhos—por que você sonha o que sonha? O que você sabe sobre seu DNA — sua programação genética?

E quanto à sua personalidade? De onde ela veio? Aconteceram coisas com você, antes mesmo de você conseguir lembrar que influenciaram quem você finalmente se tornou?

Você alguma vez já pensou sobre quem você é, ou você apenas aceita isso? Você se permite ser como é ou está tentando se tornar quem você quer ser? Você se vê como algo estático ou como um ser orgânico em crescimento que está se tornando algo? E o que você está se tornando?

Quão profunda é a sua experiência humana? Existe uma grande profundidade em sua vida ou ela é apenas superficial? Com que profundidade você experimentou diferentes emoções e sentimentos como amor, ódio, generosidade, ganância, felicidade, tristeza, orgulho, vergonha, excitação e raiva?

De onde vêm seus pensamentos? Eles são apenas processos automatizados que você não pode controlar? Você está no controle de seus pensamentos, ou eles vêm de fora, e você apenas os recebe ou os sente como sendo seus?

Então, o que é um bom pensamento? Como você pode saber se seus processos de pensamento são bons e valem a pena? Talvez a maior parte do seu pensamento não seja tão boa, levando-o a tomar decisões terríveis em sua vida. Como você saberia? Se suas habilidades de pensamento crítico são fracas, você provavelmente não perceberia que este é o caso, certo?

Considere as emoções. Quais você tende a experimentar mais? Você costuma ficar triste, zangado, esperançoso, feliz ou ansioso? Você não sente emoção? Suas emoções são facilmente acessíveis ou estão escondidas? Você as confronta, nega ou as ignora? Você as sente profundamente e permite que elas passem, ou se agarra a elas até atormentarem você? De onde vêm essas emoções?

Você é racional, intuitivo, criativo, questionador, exigente, persistente ou apático? O que descreveria você? Existe uma única palavra que pode representar você? Uma frase?

O que é compreensão? Ela é algo que você sabe quando a tem? Ou é passageira? Você pode saber algo apenas através da emoção, intuição ou razão, ou precisa de mais? Sua mente está apenas identificando padrões e associações ou entende alguma coisa? Ela apenas pensa que está dando sentido à vida ou está realmente dando sentido e ela? Como você saberia a diferença?

Seus pensamentos, crenças, sentimentos, desejos e comportamentos são realmente seus ou são apenas a média das cinco pessoas mais próximas em sua vida?

Você é seu próprio ser separado de tudo ou faz parte de um continuum ou cadeia de seres? Por exemplo, você é uma extensão de seus pais? Você é reencarnado, sempre esteve aqui? Ou você é um indivíduo único?

O quanto você pode saber? O quanto vale a pena saber?

Quão profundamente você contempla quem você é?

Você é um estranho para si mesmo ou sabe quem você é?

Você está consciente ou está apenas passando por processos que lhe dão a ilusão de pensar, sentir e saber?

Isso tudo é apenas uma grande ilusão?

Quem é você?

Você sabe?

E se você não sabe, quem poderia saber?

Ao se deparar com uma nova situação, você sabe o que fazer a respeito? Como você decide o que fazer? Quem te ensinou isso?

Quem te ensinou a ser você mesmo e a ser humano?

Você está sendo Você ou apenas o humano que foi ensinado a ser? Ser um ser humano é algo que aprendemos por conta própria ou precisamos ser ensinados?

Se precisamos ser ensinados, por que então? Todos os animais precisam ser ensinados a ser eles mesmos?

Um leão criado por uma cabra pode crescer pensando que é uma cabra? Ou será que sua natureza de leão aparecerá no final?

Qual é a essência interna e a natureza de quem você é que ninguém mais pode viver? Aquilo que só você pode viver.

Não importa o que você aprenda sobre psicologia, biologia, história, antropologia, filosofia, autodesenvolvimento ou religião, o quanto isso lhe dirá sobre você no final?

O seu eu só pode ser razoavelmente explorado através de você. Você pode estudar psicologia e aprender sobre si mesmo e alguma terminologia que pode ajudá-lo a processar do que se trata sua experiência interior. Ainda assim, em última análise, a única maneira de explorar a si mesmo é por meio de você mesmo. Mesmo que você obtenha a ajuda de um coach ou terapeuta, eles o ajudarão a aprender sobre você mesmo por meio de suas próprias palavras, sentimentos e ações. Eles o ajudarão a identificar padrões que talvez você não tenha percebido.

Considere que, como sociedades humanas, colocamos um enorme esforço em mapear diferentes campos. Os cartógrafos mapearam o planeta em que vivemos. Os anatomistas mapearam cada órgão humano e sua função. Os físicos trabalharam no mapeamento das regras e da natureza do universo em que vivemos. Os ornitólogos trabalharam no mapeamento de todos os tipos de pássaros existentes. Em muitos campos, parece que nos concentramos em mapear todo o conhecimento que podemos.

No entanto, como mapeamos o eu? A psicologia pode mapear muitos aspectos diferentes da mente, consciência e comportamento. Ainda assim, alguns conceitos podem referir-se mais a algumas pessoas do que a outras. Por exemplo, grande parte da psicologia historicamente se concentrou em problemas da psique e do comportamento, como a identificação de distúrbios e sintomas. Um psicólogo pode se concentrar em sexo (por exemplo, Sigmund Freud), outro pode se concentrar em espiritualidade (por exemplo, Carl Jung), autorrealização (Abraham Maslow) ou infância (Jean Piaget).

Alguns desses psicólogos podem ter simplesmente explorado sua natureza interior e, em seguida, bolado teorias que refletem isso. Se isso for verdade, eles podem ter perdido características essenciais do que significa ser você. Talvez eles tenham capturado algumas partes críticas do que significa ser humano, mas ainda assim perderam algo que faz de você quem você é.

Os tópicos que a psicologia seguiu podem ou não ser os que dizem respeito a você e à sua verdade. Mesmo que os psicólogos tenham explorado alguns tópicos importantes, você deve se perguntar o quanto eles se aplicam à sua circunstância.

Ser humano é fascinante porque, em algum nível, somos todos iguais. Ainda assim, em outro nível, nossa individualidade nos torna distintos de todas as outras pessoas que já viveram.

Aproveite o tempo para descobrir o que é que faz de você, você.

PERGUNTAS-CHAVE

(Precisamos Nos Conhecer Antes de
Sabermos Outras Coisas)

1. Você conhece bem as diferentes partes de si mesmo: emocional, intelectual, espiritual, física, criativa, etc.? Existem alguns pontos fracos que você deve se concentrar em compreender mais profundamente?

2. Quem é seu melhor amigo? Você poderia aprender algo sobre você falando com ele ou ela?

3. Pense em algumas das decisões mais importantes que você tomou em sua vida. Sabendo o que você sabe agora, você teria feito algo diferente? O quanto você mudou?

4. O que você aprendeu cedo na vida que *não* faz parte da sua verdade? Como você desaprendeu isso, ou como poderia?

5. Qual é uma verdade pessoal que você poderia admitir que é apenas sua perspectiva—ela não é necessariamente a verdade para todos os outros?

TOME UMA ATITUDE HOJE

(Precisamos Nos Conhecer Antes de Sabermos Outras Coisas)

Tive um amigo que me disse que quando ele tinha nove anos, sua professora ficou preocupada ao perceber que ele estava faltando à aula, então ela o procurou. Depois de algum tempo, ela finalmente o encontrou no banheiro. Ele estava se olhando no espelho. A parte estranha é que ele ficou lá por uma hora, tentando se conectar com sua alma olhando para seu reflexo. Foi a primeira vez em sua vida que ele percebeu que não se conhecia.

Ação: **Hoje, quero que você se olhe no espelho. Olhe para o seu reflexo e faça a si mesmo algumas perguntas.**

Para lembrá-lo, aqui estão algumas das perguntas que fiz anteriormente neste capítulo para você refletir (ou você pode escolher refletir sobre as questões de sua própria vida):

- O quanto você sabe sobre *por que* você deseja o que deseja?
- Quão profunda é a sua experiência humana?
- Você é um bom pensador?
- Que emoções você tende a ter?
- Você é racional, intuitivo, criativo, questionador, exigente, persistente ou apático?
- Existe uma única palavra que pode descrevê-lo? Uma frase?
- Seus pensamentos, crenças, sentimentos, desejos e comportamentos são realmente seus ou são apenas a média das cinco pessoas mais próximas em sua vida?

Esta tarefa pode ser desconfortável, mas tudo bem. Quando você se olha no espelho, está preso a preocupações superficiais, como sua aparência? Ou você pode olhar mais profundamente em uma parte mais profunda do seu verdadeiro eu? Mesmo que seja uma tarefa visual, não se prenda às aparências. Eu o encorajaria a explorar seus sentimentos. Quando você olha para suas expressões faciais, qual é o sentimento, emoção ou preocupação que está por trás delas? Seu rosto está relaxado ou tenso? Qual é o motivo?

Motivo: Passamos a maior parte de nossas vidas olhando para fora, não para dentro. Olhar no espelho e fazer perguntas pode ajudá-lo a refletir sobre quem você é, o que deseja da vida e também a se conectar com você mesmo. Pode haver partes de nós que estão escondidas ou negligenciadas, e devemos nos esforçar para reconhecer e compreender nosso eu autêntico.

Dica: Tente imaginar que está olhando para outra pessoa, não para você. O que você pensa dessa pessoa para quem você está olhando no espelho? O que você acha que ela sente por você? Embora eu o incentive a entrar em contato com suas emoções e sentimentos, você também pode considerar seus pensamentos, memórias, crenças, desejos e planos.

Identifique Seus Valores Para Usá-los Como Uma Bússola Interna Que Iluminará Seu Verdadeiro Caminho

"O principal valor da vida não é o que você obtém. O maior valor da vida é o que você se torna. É por isso que desejo pagar um preço justo por cada valor. Se eu tiver que pagar por isso ou merecê-lo, isso me transforma em algo. Se eu obtiver de graça, isso não me transforma em nada."

— Jim Rohn

Uma forma de se conhecer e evitar que sua verdade escape de você é identificar seus valores. Você já dedicou algum tempo para explorar quais são os seus valores mais arraigados?

Pense nisso: Qual é a coisa mais importante em sua vida?

A pergunta não produz uma resposta imediata? Talvez você possa pensar em muitos valores, mas não tem certeza de como os ordenaria. Talvez todos eles pareçam importantes.

Eu descobri que é fundamental saber seus cinco valores principais ou mais. Esses valores formarão sua bússola interna, a partir da qual você será capaz de navegar em direção à sua verdade. (Uma lista com 100 valores está disponível no final deste capítulo.)

Imagine o seguinte: Você é o capitão de um navio, navegando nas águas desconhecidas da sua vida. Sem uma bússola, você permanecerá perdido. Aqui, sua bússola não usará direções cardeais. Norte, Sul, Leste e Oeste não importam. Em vez disso, para pilotar este navio, você precisará de seus quatro ou cinco valores cardeais para liderar o caminho.

Eu insisto—descubra seus valores. Saiba quais são eles. Faça isso agora, ou depois de ler este capítulo, ou depois de ler *Sua Verdade Pessoal*. Mas faça.

Em breve, você poderá se deparar com um território novo e desconhecido e não saber o que fazer. Talvez você descubra que, quando uma situação é incerta, você simplesmente paralisa. Quando isso acontecer, você pode pausar, recuperar-se e puxar sua bússola interna de valores.

As situações difíceis da vida podem ajudar a classificar seus valores principais. Isso pode ser difícil, mas tente. Para fazer isso, imagine cenários ou pense nas experiências de vida que você teve, nas quais um valor competia com outro. Qual valor foi mais importante para você no final? E qual você poderia sacrificar, se necessário?

Classificar seus valores pode parecer apenas um trabalho intenso, mas não é. Quando você conhecer seus valores, estará muito mais perto de descobrir sua verdade. Reserve um minuto para identificar alguns valores que você possui e, então, poderá examiná-los mais de perto. O valor que você acha que é o mais importante é de fato o mais importante? Você se perdeu e tem dedicado muito tempo, atenção e energia a algo que não é tão importante para você?

Observe qualquer desequilíbrio entre o que você acredita que valoriza e como você vive sua vida. Onde estão as contradições? Alguns podem dizer que valorizam a honestidade, mas mentirão com frequência e raramente dirão a verdade em um dia normal. Alguns podem dizer que desejam paz, mas batem portas e levantam a voz à menor provocação. Outros afirmam valorizar a inteligência, mas passam a fazer escolhas importantes na vida sem considerar suas opções e suas prováveis consequências.

Em sua vida, pergunte-se onde está o desequilíbrio.

Uma boa pergunta a se fazer é onde você passa a maior parte do tempo. Você valoriza o tempo com a família, mas dificilmente os vê porque está trabalhando demais? Ou você valoriza o trabalho, mas se distrai com a mídia social por muito tempo?

Quando descubro que me afastei dos meus valores e das prioridades principais da vida, me forço a anotar onde gasto o meu tempo. Eu escrevo o que estava fazendo a cada minuto do dia. Tente fazer isso e pergunte se desperdiçou muito tempo em atividades de pouco valor. Algum tempo foi gasto de forma contraproducente, em vez de trabalhando em seus objetivos e valores? Você pode se surpreender ao descobrir que o que você pensa que é importante e com que você gasta seu tempo são coisas totalmente diferentes.

Como humanos, somos complexos, por isso peço que você explore seus valores de maneira lógica. Talvez você pense que valoriza a saúde, mas você fuma, ou nunca se exercita, ou costuma acelerar quando dirige e não usa cinto de segurança.

É um desafio viver conscientemente e perceber nossas próprias vidas de forma objetiva. Temos todos os tipos de dispositivos psicológicos para nos sentirmos seguros e confortáveis. Mas como valorizo a verdade, prefiro evitar ser um ignorante feliz. Suponha que eu esteja vivendo em contradição com meus valores ou me opondo a eles de alguma forma. Nesse caso, preciso me perguntar se posso mudar algo para viver de acordo com meus valores mais plenamente. Como alternativa, posso perguntar se talvez algo que pensei valorizar não fosse tão importante para mim afinal.

Eu gostaria de fornecer a você um exemplo de como encontrar uma contradição nos valores. Há muitos anos, eu estava extremamente impaciente com minha mãe. Eu sabia conscientemente que isso era injusto e que ela não merecia isso. Eu me sentia péssimo com meu comportamento e não estava feliz comigo mesmo. Mas às vezes, eu sentia que não conseguia me controlar. De repente, eu ficava com raiva e impaciente e gritava com ela. Na maioria das vezes, eu era perfeitamente calmo e composto, mas isso não era bom o suficiente. Eu tinha essas explosões e depois percebia que tinha sido por algo trivial. Não havia razão para isso.

Isso se tornou uma ocorrência regular, infelizmente.

A maneira como consegui mudar esse padrão negativo foi percebendo que havia muitos outros valores que ofuscavam minha necessidade de estar certo ou de ter as coisas na hora. Estar certo ou ter as coisas na hora não significaria nada se eu prejudicasse um relacionamento ou fizesse minha mãe ficar estressada ou infeliz. Ela sempre foi uma mãe maravilhosa e deu o seu melhor para me criar, me apoiando e incentivando até os dias de hoje.

Acabei me perguntando: por que eu seria tão ruim com uma pessoa que amo e que me ama? Por que eu consideraria me comportar dessa maneira?

Esse era o problema—eu não estava pensando. Em vez disso, estava agindo impulsivamente, sem avaliar o que estava fazendo. Eu me comportava assim porque estava valorizando a necessidade de estar correto e de ter as coisas na hora. Se alguém me contrariasse ou não me desse algo que eu queria imediatamente, eu perderia toda a minha paciência, ficaria com raiva e gritaria.

Então, quando conheci minha esposa (quando estávamos começando a namorar), percebi que estava perpetuando esse padrão. Eu a estava tratando mal também. Eu gritava sem um bom motivo, e nosso relacionamento estava começando a sofrer antes mesmo de começar de verdade. Ela me disse: "Isso precisa mudar ou não ficarei aqui por muito tempo".

Claro, esta foi uma força motivadora. Mas, curiosamente, descobri que não era tão difícil crescer e mudar esse padrão horrível. Tudo que eu precisava fazer era perceber que o valor que eu tinha pelo meu relacionamento era muito maior do que o valor que eu tinha pela minha necessidade de estar certo ou de ter as coisas na hora. Eu pude treinar e ver que valorizava minha família, meu relacionamento, a paz e a integridade. Eu *realmente* nunca mais me importei em estar certo e ter as coisas na hora, quando pensava nisso. Em vez disso, eu valorizo a inteligência, a empatia, a paciência e a justiça—quando percebi isso, fiz mudanças em minha vida.

Mas, novamente, não é tão difícil mudar quando você conhece seus valores. Pense nisso. Se você realmente valoriza algo, por que seria tão difícil viver de acordo com isso? Nossos valores tendem a se misturar ou esquecemos quais são importantes. Mas se os considerarmos profundamente importantes e se lembrarmos aquilo que realmente valorizamos, então devemos ser capazes de viver de acordo com eles.

Para colocar isso da forma mais simples possível: quando você diz que valoriza algo, mas não segue com suas ações, está essencialmente mentindo. Tudo o que precisamos fazer é parar de mentir.

Os valores não são apenas algo que você escreve em um pedaço de papel e depois esquece. Eu precisava aprender a viver de acordo com meus valores. Eu precisava incorporar meus valores em meus pensamentos e ações todos os dias. Eu precisava parar de mentir.

Espero que você reflita sobre quaisquer contradições em sua vida e comece a questionar quais são seus valores. Talvez você também esteja vivendo de acordo com valores que não representam o seu verdadeiro eu. Só você pode ver isso e superar seus maus hábitos para encontrar sua direção mais uma vez.

Como uma dica final para ajudá-lo a identificar seus valores mais autênticos, considere o quanto você valoriza algo depois que o perde. Na vida, muitas vezes nos esquecemos de considerar que as pessoas, as habilidades, as oportunidades ou coisas que estão aqui hoje podem desaparecer amanhã. O quanto você valorizará uma vez que ela se foi, está danificada ou não está mais ao seu alcance?

Por exemplo, se seu sentido de audição de repente parasse de funcionar corretamente, o quanto você o valorizaria então? Meses atrás, fui exposto a um ruído excessivo de construção do lado de fora do meu apartamento, dia após dia, durante semanas. Percebi tarde demais que deveria estar usando protetores de ouvido e fiquei com um zumbido em um ouvido. Felizmente, com o tempo, meu ouvido melhorou gradualmente.

No entanto, essa experiência me fez perceber que precisava ter mais cuidado e valorizar os sentidos e habilidades que eu tinha. Eu agora evito a exposição a ruídos altos para ter certeza de que estou protegendo meus ouvidos. Eu até carrego protetores auriculares para o caso de me encontrar em um ambiente com ruído excessivo.

Mais uma vez—é quando somos ameaçados de perder algo que passamos a compreender seu valor.

Alternativamente, você pode pensar que dá muito valor a algo. Mas se isso desaparecesse de sua vida, isso realmente afetaria você? Se não, então talvez não fosse tão valioso quanto você pensava. Por exemplo, talvez você valorize grandemente o seu trabalho. Mas se você fosse demitido repentinamente, pode ser que suas habilidades estivessem em alta e você encontrasse rapidamente um novo, se necessário. Em poucos meses, você poderia até esquecer sua antiga posição. Você poderia então descobrir que o valor real não estava em um único trabalho, mas nas altas qualificações que você possuía.

O que você valoriza?

Abaixo está uma lista de 100 valores que eu gostaria que você explorasse e considerasse. Reserve um minuto para ler a lista e pense sobre quais você valoriza mais.

1. Aceitação	33. Diversão
2. Aconselhamento	34. Eficiência
3. Adaptabilidade	35. Elegância
4. Admiração	36. Empatia
5. Altruísmo	37. Engenhosidade
6. Ambientalismo	38. Equidade
7. Amizade	39. Equilíbrio
8. Amor	40. Espírito de Aventura
9. Aprendizagem	41. Espiritualidade
10. Atenção Plena	42. Ética
11. Autenticidade	43. Família
12. Autocontrole	44. Fé
13. Autoridade	45. Felicidade
14. Autossuficiência	46. Força
15. Beleza	47. Generosidade
16. Charme	48. Gentileza
17. Ciência	49. Gratidão
18. Compaixão	50. Harmonia
19. Compostura	51. Heroísmo
20. Comunidade	52. Honestidade
21. Confiança	53. Honra
22. Conhecimento	54. Humor
23. Consideração	55. Imaginação
24. Coragem	56. Impacto
25. Crescimento	57. Independência
26. Criatividade	58. Inspiração
27. Curiosidade	59. Inteligência
28. Desafio	60. Intuição
29. Desbravamento	61. Justiça
30. Determinação	62. Lealdade
31. Dignidade	63. Liberdade
32. Diligência	64. Liderança

65. Maestria
66. Maturidade
67. Natureza
68. Ordem
69. Otimismo
70. Ousadia
71. Paciência
72. Paixão
73. Paz
74. Perdão
75. Poder
76. Pontualidade
77. Popularidade
78. Praticidade
79. Realização
80. Relaxamento
81. Religião
82. Resiliência
83. Respeito
84. Respeito Próprio
85. Responsabilidade
86. Riqueza
87. Sabedoria
88. Saúde
89. Segurança
90. Sensibilidade
91. Serviço
92. Simplicidade
93. Singularidade
94. Sonhar
95. Sucesso
96. Trabalho
97. Tradicionalismo
98. Transparência
99. Velocidade
100. Verdade

Um tópico importante que discutimos é que devemos nos conhecer antes de podermos encontrar nossa verdade. Bem, além de conhecer nossos valores, como podemos nos conhecer mais profundamente? Esta é uma questão importante que consideraremos agora.

Nos próximos capítulos, discutiremos o caminho para conhecer seu verdadeiro eu. Isso envolve cinco elementos principais: 1) lembre-se de si mesmo, 2) desmascare-se, 3) recupere-se, 4) descubra-se e 5) crie-se.

PERGUNTAS-CHAVE

(Identifique Seus Valores Para Usá-los Como Uma Bússola
Interna Que Iluminará Seu Verdadeiro Caminho)

1. Quais são os seus valores mais arraigados? (use a lista acima para se inspirar)
2. O que você tem valorizado? Com quê você tem gastado muito tempo e energia, e que gostaria de reduzir ou remover de sua vida?
3. Existem outros valores que você considera importantes, que não estavam na lista acima? Quais são eles?
4. Quando você pensar em seus valores principais, considere se você está contradizendo algum deles em sua vida. Como você pode se tornar mais congruente consigo mesmo?
5. O que muitas pessoas ao seu redor tendem a valorizar, mas você não acha que é tão importante?

TOME UMA ATITUDE HOJE

(Identifique Seus Valores Para Usá-los Como Uma Bússola
Interna Que Iluminará Seu Verdadeiro Caminho)

Ação: **Usando a lista de valores fornecida acima, crie sua lista de 3-7 valores críticos em sua vida.** Quando você os tiver, tente classificá-los. Tudo bem se você não tiver certeza, mas faça o seu melhor. Você sempre pode pensar sobre sua lista de valores e reorganizá-la mais tarde.

Quando você tiver sua lista classificada na ordem, **pergunte-se se isso representa como você está vivendo sua vida.** Você está colocando o seu valor nº 1 em primeiro lugar na sua vida, acima de tudo? Você está investindo tempo e energia nesses valores todos os dias? Existem coisas sem importância ou triviais para as quais você está reservando tempo todos os dias, enquanto negligencia alguns de seus valores mais elevados?

Se você está vivendo de acordo com seus valores, isso é maravilhoso. Mas, para muitas pessoas, é uma luta incorporá-los todos os dias. Quais valores você está lutando para incorporar? O que você pode mudar?

Também ajudará a considerar por que os valores que você escolheu são tão importantes para você. Por que esses valores e não outros?

Motivo: Quanto melhor você conhecer seus valores, melhor se conhecerá. Ao conhecer seus valores, você tomará melhores decisões na vida e as tomará de forma mais eficiente, pois será mais provável que permanecerá fiel a você mesmo.

Dica: Reflita sobre algumas atividades que você gosta ou nas quais que você tende a passar a maior parte do tempo. Você também pode considerar o que gostaria de ter mais tempo para fazer. Caso contrário, pense no que você gostaria de produzir ou atrair mais em sua vida. Quando você tiver isso em mente, considere quais valores isso pode representar. Por exemplo, se você faz questão de manter contato com velhos amigos, isso significa que você valoriza muito os relacionamentos ou a comunicação.

Além disso, não se preocupe se seus valores não estiverem listados acima. Você pode escolher os seus ou reformulá-los com suas próprias palavras, se desejar.

Lembre-se de Si Mesmo

"Lembre-se de quem você é e de onde vem; caso contrário, você não saberá para onde está indo."

— Karolína Kurková

Como podemos lembrar quem somos? A melhor maneira de fazer isso é ouvir seu coração. Agora, a chave é considerar o que isso significa. Essencialmente, o verdadeiro você não é o que vemos, nem tudo o que você foi ensinado a pensar e fazer. Existe uma parte mais profunda em você.

Acredito que muitos de nós nos acostumamos a ir contra o nosso espírito e precisamos nos *lembrar* de quem somos. Isto é mais fácil falar do que fazer.

Passei a acreditar que parte da nossa jornada humana é que nos perdemos ao longo do caminho. Muitas pessoas bem-intencionadas em nossas vidas nos ensinam tanto que podemos acabar perdendo nosso ser autêntico e essencial com o tempo. Desenvolvemos obsessões—seja ganhar dinheiro, buscar fama, ter um corpo perfeito ou o vício de comprar coisas ou de jogar. É para esse caminho que o mundo está nos conduzindo, para longe de nós mesmos.

O mundo moderno é excelente em preencher nossas vidas com distrações que não necessariamente levam a um lugar verdadeiro e significativo.

Observe que os animais têm impulsos poderosos, que chamamos de instintos. Para mim, o instinto é apenas saber quem você é. Você sabe que quando algo acontece, você reage de certa maneira, e você não precisa questionar porque isso é um impulso profundo dentro de você—isso é você. No entanto, quando colocados em zoológicos, os animais começam a perder seus instintos. Animais que têm um instinto assassino podem perdê-lo. Eles se perdem de si mesmos, presos atrás das grades. Isso ocorre porque o zoológico é um ambiente artificial, que retém seu verdadeiro eu selvagem.

Curiosamente, passei a pensar que os humanos também têm um lado selvagem que se perdeu. É claro que faz sentido que a sociedade impeça qualquer parte de nós que possa causar danos ou violência, especialmente sem um bom motivo. Mas, como todos os animais têm um lado selvagem e nós somos animais, talvez também tenhamos esse lado em nós, que é negligenciado.

Como parte de nossa *domesticação* para nos tornarmos humanos, vamos para a escola e obedecemos às instruções de um professor. Então, mais tarde, a maioria de nós vai trabalhar e obedece às instruções de nosso chefe. Se formos promovidos à gerência, continuaremos a seguir as instruções do gerente líder. Somos ensinados desde as primeiras fases de nossa vida que devemos respeitar a ordem. Somos apenas uma pequena peça de um quebra-cabeça muito maior.

Se tínhamos um lado selvagem, tendemos a perdê-lo. Mas não é uma questão de "se". Basta olhar para as crianças pequenas e como elas podem ser selvagens e despreocupadas. Talvez sem a sociedade para ensiná-las a serem humanos civilizados, elas teriam se tornado adultos selvagens.

Pense nisso: se em algum momento você saiu da linha quando era pequeno, alguém estava lá para corrigi-lo e mostrar-lhe os erros de suas atitudes. Ainda me lembro de quando era criança e ouvia constantemente as palavras "fila única". É claro que, no ensino fundamental, os professores diziam isso para nos lembrar de andar em uma linha reta e precisa no caminho para o banheiro. Eles não queriam ver bagunça.

E assim aprendemos a ficar na linha, a ser ordeiros, a seguir as instruções, e nossas partes selvagens foram eliminadas. Talvez parte disso seja bom, mas talvez não tudo.

Se podemos aprender a apreciar a natureza selvagem do mundo, por que não devemos apreciá-la em nós mesmos? Por que não deveríamos valorizar o lado selvagem da humanidade? Devemos seguir as regras e instruções perfeitamente o tempo todo? Você pode explorar essas ideias enquanto descobre sua verdade.

Todos os dias somos conduzidos por certos caminhos. Nossos professores nos mostraram que tínhamos que seguir suas instruções, pois nos lembravam de "ficar na linha". Somos adultos agora, mas talvez isso não tenha mudado muito. Não discutimos com os superiores, não dizemos algo que possa fazer alguém se sentir desconfortável, não rimos em momentos inadequados. Isso é apenas o que os adultos fazem (ou não fazem).

Considere o seguinte: Você nega partes de quem você é apenas para seguir a ordem esperada? Essa ordem vale a pena? Ou você está fazendo um sacrifício pessoal?

Se você decidir negar sua verdadeira natureza todos os dias, pode acabar descobrindo que não sabe mais quem você é. Você pode estar seguindo caminhos que os outros traçaram para você por muito tempo. Por exemplo, aqueles caminhos que as pessoas ao seu redor acreditavam ser bons e o encorajavam a seguir. Talvez tudo o que isso irá fazer é introduzir mentira em sua vida e afastá-lo da sua verdade.

Pergunte a si mesmo: Eu esqueci quem eu realmente sou? Tenho me passado por alguém que não sou? Eu sou um impostor em minha própria vida?

Ninguém pode responder a essas perguntas, exceto você. Só você sabe se está onde deveria estar. Mesmo que você não esteja onde gostaria de estar, a pergunta-chave é se você está fazendo tudo o que pode para encontrar o caminho que deveria estar trilhando.

Você está comprometido em ser você mesmo? Isso é algo pelo qual você está disposto a lutar? A levar a sério? Ou você perderá calmamente a batalha por si mesmo e permitirá que sua mente e seu corpo sejam guiados para onde quer que as forças do mundo o levem?

Se você se esqueceu de quem você era, como pode recapturar e se lembrar? Você pode entrar em contato com amigos da infância ou parentes que não vê há muito tempo. Ou você pode entrar em contato com algumas crenças, valores ou desejos perdidos que você teve há muito tempo e deixou de lado.

Quando foi a última vez que você se sentiu completamente livre para ser você mesmo? Você era criança? Adolescente? Um jovem adulto? Foi há décadas, alguns anos ou meses atrás? Isso só acontece nos fins de semana quando você está sozinho? Ou só acontece quando você está perto de amigos íntimos e familiares?

Às vezes, lembrar-se não é suficiente, e você deve entrar em contato com quem você era, naquele último momento em que consegue se lembrar de ter sido o seu verdadeiro eu. Talvez você tenha perdido contato com a família e deva visitá-los. Talvez você tenha perdido o contato com um tópico ou atividade que amava e deva fazer isso novamente. Ou talvez você tenha negado uma parte de sua personalidade para agradar a alguém e é hora de voltar a ser você mesmo.

Lembrar-se de quem você é não significa apenas revisitar memórias. Envolve recapturar quem você é para si mesmo. Quando você lembrar quem você é, você poderá encontrar seu verdadeiro eu dentro de você, em sua mente, e então você saberá o caminho certo para você.

PERGUNTAS-CHAVE

(Lembre-se de Si Mesmo)

1. Você costumava ser uma pessoa diferente? Se sim, você mudou para melhor ou para pior?
2. Você acha que fingir, mentir ou exagerar faz parte da sua vida? Se sim, por que você está encobrindo quem você é?
3. Quando você era criança, o que mais o deixava animado? Você ainda tem algum prazer nisso?
4. Você reprimiu uma parte de você que é selvagem, rebelde ou espontânea para manter a paz?
5. Você sente que o seu verdadeiro eu é diferente do eu que você escolheu mostrar ao mundo?

TOME UMA ATITUDE HOJE

(Lembre-se de Si Mesmo)

Ação: **Considere a última vez que você sentiu que as coisas estavam indo bem.** Você era feliz, era amado ou geralmente se sentia realizado na vida. Abrace esse sentimento positivo que você teve naquela época de sua vida. **Em seguida, se pergunte por que você se sentiu assim.** Foi por causa das pessoas que você tinha em sua vida? Foi por causa de um evento específico que aconteceu? Você tinha acabado de alcançar um objetivo de vida?

Se você tem dificuldade para pensar em um momento desses, pode ajudar conversar com um velho amigo para falar sobre as lembranças ou olhar algumas fotos antigas.

Quando você tiver selecionado essa memória, reviva a experiência em sua mente. Considere: você teve uma sensação positiva, pois tinha muito potencial naquela época? Era uma época mais simples? Você tinha mais certeza do que queria?

Existe uma maneira de recapturar esse sentimento? Em vez de apenas relembrar uma memória, você pode revisitar um local que se conecta ao seu coração? Ou você pode entrar em contato com pessoas que o inspiraram ou pode realizar uma atividade que você costumava adorar, mas que desistiu?

Motivo: O objetivo aqui é simplesmente lembrar-se de si mesmo. É fácil esquecer quem somos e como chegamos ao ponto em que estamos agora. Às vezes, precisamos dar um passo para trás e lembrar quando as coisas estavam indo do nosso jeito e nos sentimos como nós mesmos.

Dica: Em vez de apenas se reconectar com uma experiência em sua mente, você pode recriá-la? Você pode tocar uma música que o lembra de uma época e lugar? Se algo o inspirou no passado, você pode recorrer a essa mesma fonte mais uma vez?

Desmascare-se

"O que descobri—e quanto mais velha fico, mais entendo e defendo—é que toda a minha vida tem sido uma exploração de dizer a verdade. É assustador ser verdadeira e é assustador expor-se, e sinto-me muito atraída por fazer coisas que me assustam."

— Jane Wiedlin

Agora que você se lembrou de si mesmo, preciso que seja corajoso e se desmascare.

Imagine estar em um prédio e um terremoto acontece, e todos aqueles pedaços de concreto caem sobre você. Você está fraco, mas ainda consciente. Você deve trabalhar duro para tirar todo esse peso, entulho e destroços de você.

Este cenário é apenas uma metáfora, onde o verdadeiro significado é que você deve retirar toda essa bagagem que o conteve para chegar ao seu verdadeiro eu.

Pense no seguinte: certas ideias o conduziram ao caminho errado? Talvez certas crenças, pessoas, pensamentos, desejos ou sentimentos tenham desviado você? O que está cobrindo você, te bloqueando? Você está preocupado ou com medo de que as pessoas percebam algo sobre você? Você está muito preocupado com o que as outras pessoas vão pensar?

Você tem vivido uma mentira porque isso ajuda a fazer outras pessoas felizes? Talvez essa mentira permita que eles alcancem seus objetivos, ou faça com que as pessoas pensem em você de certa maneira. O que isso importa? É razoável ajudar os outros a serem felizes se tudo isso deixa você infeliz? Faz sentido ajudar outras pessoas a atingirem seus objetivos se isso desafiar os seus? De que adianta fazer as pessoas pensarem sobre você de certa maneira se isso não é realmente o que você acredita e o que você defende?

Ajuda você em alguma coisa, se sua vida se transformar em uma grande mentira? Se disfarçar de alguém que você não é? Fingir que está curtindo a vida e que está se preocupando com o que está fazendo, e querendo ter sucesso quando, no fundo, não se importa, e está cansado, querendo fugir?

Claro que não.

Você deve expor todas as mentiras, as bagagens e a falsidade em sua vida, para revelar quem você é. Queremos iluminar as partes preciosas de você que são você mesmo.

Imagine se Michelangelo fosse trazido de volta à vida e estivesse fazendo uma escultura do seu espírito. Que partes ele poderia deixar de fora, porque não são necessárias, não são você?

Mergulhe em si mesmo. O que está te segurando?

Você está permitindo que alguém tenha poder sobre você, está sendo tão influenciado que você fica com medo de como essa pessoa vai reagir, do que vai fazer? Qual é o sentido disso se isso apenas leva você mais e mais longe de ser o seu verdadeiro eu?

No final, o problema pode não ser ninguém de fora. Ele pode ser você. Reflita e considere: Qual é o seu papel em se conter?

Eu me pergunto: você está vivendo a vida dos seus sonhos ou dos sonhos de outra pessoa?

O que o impede de ser o seu verdadeiro eu, de viver a vida do seu jeito, de encontrar um caminho que valha a pena explorar e viver? Qual é a barreira que o impede de ser quem você é? Existe uma barreira real? Ou ela está apenas em sua mente?

Afinal, as barreiras são apenas desculpas? Você está permitindo que as barreiras formem paredes ao seu redor, impedindo o seu verdadeiro eu de brilhar? Elas são tão poderosas assim?

Você entrou voluntariamente em uma prisão, para acorrentar seu coração e espírito?

Você tem medo de se desmascarar? Você está tão acostumado a ouvir de outras pessoas quem você é que tem medo de saber quem você realmente é, e de ter que assumir a responsabilidade por determinar o caminho da sua vida?

A melhor alternativa é se esconder, negar a si mesmo e viver a verdade de outra pessoa em vez de buscar a sua própria? Isso é realmente melhor?

O que ou quem está segurando você?

É uma pessoa? Uma coisa? Uma crença? Um desejo? Um hábito que você tem sem nem mesmo saber? É medo ou preocupação? É uma circunstância ou situação em que você se encontra? Um evento que aconteceu no passado e que você não consegue superar?

Levante esses destroços de suas pernas com toda a força e se liberte.

No final, você pode descobrir que você é o seu maior obstáculo. Você pode ser aquele que está se impedindo de ser o seu verdadeiro eu.

Isso pode ser porque você desenvolveu mentalidades, hábitos e crenças contraproducentes. Ou pode ser por causa de certas pessoas que você permitiu que entrassem em sua vida.

Você deve identificar o que está prendendo você para que possa ter uma epifania. Este despertar pode finalmente ajudá-lo a ir além e superar as barreiras de sua vida.

Pense no seu antigo eu. Quem você costumava ser? Você estava mais perto do seu verdadeiro eu? Ou você está mais perto do seu verdadeiro eu agora?

Você pode descobrir que, ao lembrar-se de si mesmo, tudo o que fez foi despertar velhas lembranças. Mas quem você era naquela época não é mais quem você é agora. Talvez naquela época você fosse ingênuo, mais esperançoso, mais ambicioso ou tivesse interesses ou crenças diferentes. Agora, você mudou, evoluiu e não é mais a mesma pessoa. E tudo bem, nenhum de nós é do jeito que costumava ser.

A esta altura, você pode ter tentado se desmascarar. Você descobriu um pouco do que o estava prendendo, porém, não conseguiu superar esses obstáculos com tanta facilidade. Talvez você trabalhe para um chefe há 15 anos em um setor que você não suporta. Você está muito para trás em sua carreira e desistir agora seria irresponsável. Sua família depende de sua renda e você não tem um plano B. Nesse caso, não há uma solução óbvia. Mesmo assim, sempre me lembro de que o primeiro passo para resolver um problema é reconhecer que ele existe. Se você está insatisfeito com a direção de sua vida, então esta é uma verdade que precisa ser explorada e você deve considerar suas opções. Vale a pena lutar pela sua verdade, você não deve simplesmente sentar e viver a vida mais conveniente disponível para você.

A vida é algo que simplesmente vai passar por você? Ou você vai se levantar e deixar sua verdade interior iluminar o caminho de sua vida?

Nesse estágio, você pode ter negado seu verdadeiro eu por tanto tempo que isso se tornou um mau hábito. Talvez este seja apenas seu modo de vida. É mais fácil esquecer seu verdadeiro eu e negá-lo do que trabalhar para descobri-lo. Pelo menos, no curto prazo, é o que parece. A longo prazo, você se agradecerá por ter buscado sua verdade de todo o coração. Não há outra maneira de viver. Como pode ser aceitável viver uma mentira? Não é. Devemos buscar nossa verdade.

Sua verdade é sua vida. Vá em frente.

PERGUNTAS-CHAVE

(Desmascare-se)

1. Você sente um peso puxando você para baixo, abafando seu verdadeiro eu? O que você pode fazer em relação a isso?
2. Você está gastando a maior parte do seu tempo com a verdade de outra pessoa, em vez da sua? Você pode fazer algo para mudar isso?
3. Há algo sobre você que você sente falta? Existe uma determinada qualidade, talento, valor ou traço de personalidade que você costumava ter e que foi encoberto de alguma forma?
4. Você fugiu de si mesmo por tanto tempo que não sabe como se encontrar? Isso poderia significar que você deveria gastar mais tempo nutrindo e cultivando seu verdadeiro eu?
5. Você tem medo de revelar seu verdadeiro eu? Você acha que algumas partes de você deveriam ficar escondidas e encobertas?

TOME UMA ATITUDE HOJE

(Desmascare-se)

Ação: **Hoje, pense em algo em sua vida que interfere em sua capacidade de ser você mesmo.**

O que está prendendo você no cenário do terremoto, fazendo você se sentir como se não pudesse sair do lugar e ser quem você é?

É um chefe que sempre exige que você faça as coisas do jeito dele, em vez de considerar seu ponto de vista? Alguém em sua vida costuma fazer você se sentir mal consigo mesmo? Você perdeu algo de grande valor e não tem como recuperá-lo e você simplesmente tem que se adaptar a essa nova realidade? Talvez você se sinta um fracasso em alguma parte da sua vida, o que afeta sua autoestima ou sua motivação para tentar algo novo.

Obtenha uma imagem nítida do obstáculo em sua vida que está prendendo você.

Então, pense em algo que você pode fazer para remediar isso. Se uma pessoa está encobrindo seu verdadeiro eu, você pode falar com essa pessoa mais abertamente sobre suas preocupações? E se não, você pode ver essa pessoa menos e, em vez disso, focar em outros relacionamentos positivos? Se sua autoestima parece arruinada, há uma maneira de obter pequenas vitórias para ajudá-lo a ganhar confiança?

Descubra algo que você pode fazer para se desmascarar e tome uma atitude hoje.

Motivo: Para encontrar nossa verdade, devemos reconhecer quando algo está nos segurando e nos impedindo de sermos nós mesmos. Às vezes, esses obstáculos podem se acumular se continuarmos a ignorá-los.

Dica: Se seus problemas são profundos o suficiente e você não consegue progredir por conta própria, pode ser útil procurar um psicólogo, terapeuta ou life coach para ajudá-lo a superar seus problemas e se esforçar para viver mais e encontrar sua verdade.

Recupere-se

"Estamos todos machucados. Todos nós fomos feridos. Todos nós tivemos que aprender lições dolorosas. Todos nós estamos nos recuperando de algum erro, perda, traição, abuso, injustiça ou infortúnio. Toda a vida é um processo de recuperação que nunca termina. Cada um de nós deve encontrar maneiras de aceitar e superar a dor e se recompor. Para cada pontada de tristeza, depressão, dúvida ou desespero, há um oposto em relação à renovação chegando a você com o tempo. Cada tragédia é um anúncio de que algo de bom virá com o tempo. Seja paciente consigo mesmo."

— Bryant McGill, *Simple Reminders*

Parte de sua jornada para encontrar a si mesmo e sua verdade provavelmente envolverá a recuperação de partes de você mesmo. Vamos considerar algumas situações possíveis.

Talvez você costumasse ser curioso e perdeu isso ao longo do caminho. Como você pode recuperar isso? Alguém lhe ensinou que é ruim ou errado fazer perguntas ou lhe puniu por sua curiosidade? Você pode dizer a si mesmo que não há problema em ser curioso? Que está tudo bem ser você mesmo, do jeito que você é?

Talvez você costumasse ser amigável com a maioria das pessoas, até com estranhos, e então algo aconteceu. Alguém se aproveitou de sua bondade. Elas tiraram vantagem de você ou esperavam que você os colocasse em primeiro lugar. Talvez, às vezes você se pegou dando muito e não recebendo nada em troca. Mas ser amigável é sua natureza? Existe uma maneira de voltar a ser assim sem permitir que outros tirem vantagem de você?

Outro exemplo, você gostava de ser criativo, como escrever histórias ou talvez desenhar? Então você teve que crescer e se concentrar em seu trabalho, em sua família e em fazer as coisas que precisavam ser feitas. Com o tempo, você teve cada vez menos tempo para se expressar criativamente. Depois de um tempo, você começou a temer ter perdido qualquer talento criativo que pudesse ter tido. Talvez você tenha tentado ser criativo novamente e tenha encontrado um bloqueio em você. Você não consegue mais acessar essa parte de si mesmo tão facilmente. Existe uma maneira de reacender aquele espírito criativo que você sempre teve dentro de você?

Pergunte a si mesmo: o que você costumava ser, que não é mais, mas que gostaria de voltar a ser? Existe uma maneira de você ter isso de volta?

Não estou falando sobre nostalgia — não estou falando sobre reviver seu passado. Você pode às vezes sentir vontade de revisitar fotos ou memórias antigas ou falar sobre aquelas épocas. Tudo bem, mas aqui, estamos focados em realmente recuperar algo que foi perdido. Considere o que você perdeu em si mesmo e que gostaria de ter novamente. Isso pode ser alguma qualidade sobre você — um interesse, uma característica de personalidade ou um talento excepcional.

Pense nisso. O que quer que você acredite que perdeu em si mesmo, sempre esteve lá. Você não pode se perder, pelo menos não permanentemente. Você está sempre lá, mesmo se escondido dentro de seu eu externo.

Talvez haja um eu mais profundo, dentro de você, sob uma cobertura externa, uma concha se preferir, e esse é o seu eu verdadeiro.

Novamente, quais partes de você foram escondidas, esquecidas ou mesmo perdidas? Você não gostaria de encontrá-las mais uma vez?

Lembre-se de que você não precisa expressar algum interesse antigo, desejo ou qualidade da mesma forma que costumava fazer. Talvez você costumasse ser ousado e audacioso, o que o colocou em circunstâncias complicadas e difíceis no passado. Isso não significa que ser ousado e audacioso seja uma coisa terrível. Se essas qualidades são verdadeiras para você, você pode procurar maneiras mais adequadas e positivas de viver essas qualidades.

Ser ousado e audacioso não significa que você deve se envolver com drogas e jogos de azar. Pode significar defender a si mesmo e outras pessoas que precisam de ajuda. Isso pode significar a criação de obras de arte inovadoras. Pode envolver desafiar as pessoas em sua vida a serem melhor. Do contrário, pode implicar em se permitir ser espontâneo e mudar de planos, sem precisar fazer o que é esperado em todos os momentos.

Você pode ter dificuldades no início ao procurar algo para recuperar em você. Isso ocorre porque tendemos a nos proteger mentalmente para nos proteger dos desafios que enfrentamos.

Mas pense bem—alguém já lhe disse que sua maneira de ser era errada? Alguém já lhe mostrou que suas tendências naturais eram inaceitáveis? Esse tipo de coisa remonta à nossa infância. Uma menina pode ouvir que ela não deve brincar com caminhões, mas sim com bonecas. Um menino pode ser instruído a ser durão se ele ficar emotivo. Se você expressou interesse em fazer algo e ninguém o ajudou com isso, talvez você tenha pensado que seus desejos não eram tão importantes. Você tentou falar sobre algo, mas ninguém se importou? As pessoas fizeram comentários sobre o seu cabelo, a maneira como você se vestia, a maneira como você falava ou andava?

Certamente, em algum momento, alguém lhe disse que algo sobre você não estava certo e que você precisava mudar isso. Isso pode ter vindo de um pai, professor, irmão, amigo ou outra pessoa. Eles podem ter tido boas intenções, mas talvez eles estivessem errados.

Algumas das coisas que aconteceram conosco quando crianças não se aplicam a nós como adultos, é claro. Se você quisesse brincar com um brinquedo e alguém lhe dissesse que ele era para crianças mais novas ou para outra criança, provavelmente isso não teve um impacto significativo em sua vida. Mas essas experiências ainda podem nos afetar em um nível mais profundo, pois podemos aprender que não somos bons do jeito que somos—passando a acreditar que precisamos mudar para ser outra pessoa.

Quando as pessoas fazem isso com os jovens, eu chamo isso de "cutucadas bem intencionadas." Quer as pessoas tenham essa intenção ou não, elas às vezes o levam a ser algo diferente do que você é. Em alguns casos, você está aprendendo a melhorar e se tornar uma pessoa melhor. Mas em outros casos, o que você aprende pode ser arbitrário, crítico ou errado.

Como adultos, ou como sociedade em geral, pensamos que sabemos as coisas. Portanto, orientamos as crianças a se tornarem isso ou aquilo. Mas e se uma criança fosse orientada muito intensamente e isso a impedisse de se tornar ela mesma? Isso não seria uma tragédia?

Talvez uma criança tenha sido criada para ser um cidadão do mundo, de acordo com o que geralmente se esperava. Mas isso é o melhor? Não deveríamos criar essa criança para ser a melhor versão de si mesma? E esta melhor versão não implica em ela ser ela mesma, em vez de programada para ser o que a sociedade deseja que ela seja?

Para o que você foi guiado que não fazia parte de Você? Existe uma maneira de desfazer isso, de voltar a ser você mesmo? Recuperar as partes de si mesmo que um dia foram perdidas?

Uma maneira de fazer isso é encontrar as pessoas que mais permitem que você seja você mesmo.

Quando penso no ensino médio, lembro-me de ser muito introvertido. Eu me preocupava muito com o que outras pessoas pensavam ou faziam, como muitos alunos do ensino médio. Mas com meu grupo de amigos mais próximos, me sentia livre para ser eu mesmo. Claro, eu queria que eles gostassem de mim, mas nos tornamos bons amigos porque nos gostávamos e nos aceitávamos pelo que éramos.

Um amigo contava piadas estranhas e inesperadas. Ele estava disposto a deixar as pessoas desconfortáveis, não se importando se alguém pudesse se ofender. Outro planejaria coisas para fazer nos fins de semana, mas levaria para o lado pessoal se alguém fizesse outros planos. Um dos meus melhores amigos era meu parceiro de estudo nas provas, mas ele era tão competitivo quando se tratava de esportes ou jogos que jogar com ele podia se tornar um incômodo. Eu era o estudioso e talvez às vezes irritasse meus amigos por não ser divertido o suficiente. Mas éramos todos amigos — tínhamos liberdade para sermos nós mesmos uns com os outros, mesmo quando às vezes nos sentíamos limitados em outras partes de nossas vidas.

Eu não estava escolhendo meus amigos, eu era simplesmente atraído por me tornar amigo das pessoas que me permitiam ser eu mesmo. Eles me permitiam ser mais sincero — eu não precisava fingir ser outra coisa com eles.

Pense nas circunstâncias que mais permitem que você seja você mesmo. Em quais cenários? É em casa, na escola, no trabalho ou na natureza? Com quais pessoas? É quando você está com a família, amigos, na igreja ou mesmo em uma comunidade online?

Em vez de apenas pessoas, também é útil considerar atividades que revelem seu verdadeiro eu.

Em quais atividades você consegue se perder completamente? É quando você está lendo, tocando um instrumento, escrevendo, observando, pensando, resolvendo problemas, dando conselhos, viajando? O que é? Quando você *se perde* completamente em algo, e isso é um padrão, isso significa que você está *se encontrando* nessa atividade. Isso significa que você está fluindo, totalmente focado e dedicado. Em vez de ser você, você se torna o que está fazendo porque o que faz é sua forma de expressão mais autêntica. Algumas pessoas procuram durante toda a vida essa sensação, mas talvez você já a tenha encontrado em alguma tarefa significativa em sua própria vida. Se você já fez isso, não a perca.

Torne-se isso.

E se você perdeu uma parte crítica de si mesmo, lembre-se de que você sempre pode recuperá-la.

PERGUNTAS-CHAVE

(Recupere-se)

1. Quando você era mais jovem, você se lembra de alguma "cutucada bem intencionada" que alguém lhe deu? Talvez eles tenham orientado você na forma de se vestir, agir ou falar de maneira diferente. Como isso afetou você?

2. Você perdeu uma parte de si mesmo que gostaria de recuperar? É seu eu criativo, leitor, otimista, espontâneo ou amigável? Como você pode começar?

3. Se você perdeu uma parte de si mesmo ao longo do caminho, por que ou como isso aconteceu? Você pode ficar conectado consigo mesmo e evitar que isso aconteça novamente?

4. Você está nostálgico ou ansioso por algo ou alguém? Você sente falta de quem você era quando tinha um estilo de vida ou uma pessoa diferente em sua vida? Existe uma maneira de recuperar isso ou essa é apenas uma realidade com a qual você deve se acostumar?

5. Que pessoas, grupos ou lugares ajudam você a se reconectar com quem você é e a recuperar seu verdadeiro eu? Com quem você se sente à vontade, onde não há necessidade de colocar uma fachada ou se proteger?

TOME UMA ATITUDE HOJE

(Recupere-se)

Ação: **Hoje, quero que você pense em algo que você gostaria de recuperar na sua vida.** É a felicidade, uma velha amizade ou um hobby que você gostava imensamente? Qual é a coisa que, se você recuperasse, significaria muito para você? Você não estaria apenas se engajando em uma tarefa ou algo que costumava fazer. Você estaria recuperando uma parte de si mesmo.

Se você não pode recuperar essa coisa que foi perdida, talvez você possa encontrar algo novo para ocupar o seu lugar. E se nada pode ocupar o seu lugar, ainda assim pode ser útil encontrar algo novo e positivo para introduzir em sua vida.

Quando você tem algo em mente que deseja recuperar, tome uma atitude que o ajudará a recuperar isso em sua vida.

Motivo: Recuperar-se às vezes pode ser intimidante. Mas, para fazer algum progresso, você precisa agir. Você deve ter como objetivo recuperar as partes de si mesmo que foram gradualmente desaparecendo.

Dica: Se você já passou por um período em que não se sentia você mesmo, que pensou que poderia estar deprimido ou quando sentiu que realmente não pertencia, esse pode ter sido o início de um período em que você perdeu uma parte de si mesmo. Mas não há nada com que se preocupar. Você pode escolher recuperar isso de volta em sua vida.

Descubra-se

"Todo mundo está com pressa para decifrar você de certa maneira, então, esperam que você siga a definição deles. Como eles podem fazer isso quando você mesmo está achando difícil se descobrir?"

— Sushant Singh Rajput

O que vou encorajá-lo a fazer a seguir é procurar maneiras de descobrir o seu verdadeiro eu. Isso significa que você deve ultrapassar os limites, mesmo que ligeiramente, para descobrir quem você é. Você pode ter se definido de certa maneira, mas talvez essas definições sejam falsas ou muito limitadas. Talvez você não tenha explorado certas partes de si mesmo e, portanto, não sabia que elas existiam e que também precisavam ser nutridas.

Quando se trata de diferentes partes de si mesmo, como interesses, sentimentos, desejos e assim por diante, simplesmente pergunte-se: "Eu dei uma chance a elas?" Quando puder, tente dizer mais "sim". Se você for convidado para um evento e não está convencido de que vai gostar, vá mesmo assim. Vá para novos lugares. Explore novos tipos de música. Quando você estiver inclinado a fazer algo, permita-se tentar, mesmo que custe um pouco de dinheiro ou que leve um pouco mais de tempo. As experiências e relacionamentos que você constrói valem mais do que um pouco de dinheiro ou tempo gasto.

Este mundo é infinitamente rico no que nos permite fazer. Mais importante ainda, tudo e todos ao nosso redor são uma chance de aprender sobre nós mesmos mais profundamente. E, como já discutido, *Precisamos Nos Conhecer Antes de Sabermos Outras Coisas.*

Entenda que você pode se lembrar, descobrir e recuperar muito de si mesmo até certo ponto. Mas quando você se descobre, as oportunidades são ilimitadas. Sempre há um novo lado de si mesmo para explorar que você nem sabia que existia.

Lembre-se de que provavelmente você se enganará se achar que sabe tudo o que há para saber sobre você. Assim como o universo é rico e complexo, e sempre há mais para explorar, isso também se aplica a você.

A diferença é que podemos encontrar facilmente 100 livros sobre praticamente qualquer assunto, com um pouco de pesquisa. Mas não há nenhum livro sobre você. A menos, é claro, que haja uma biografia sobre você. Mas mesmo que haja uma biografia escrita sobre você, quão profundamente ela pode realmente explorar você? Provavelmente, exploraria suas ações ou alguns aspectos diferentes de sua vida. Mas, em teoria, dezenas ou centenas de volumes poderiam ter sido escritos sobre qualquer indivíduo no planeta.

Os volumes podem conter autorreflexões, visões de mundo, crenças, lições aprendidas, emoções, pessoas que o influenciaram, eventos e situações críticas, interesses e pensamentos. Estou imaginando todos esses assuntos como sendo divididos em volumes separados. No entanto, na realidade, você poderia se explorar mais profundamente misturando todos esses tópicos. Por exemplo, seus pensamentos influenciarão suas emoções, o que afetará seus comportamentos. Sua educação e seus pais influenciam suas crenças e desejos. Cada aspecto de você influencia todas as outras partes de você. Eles não estão todos desassociados e desconectados—em vez disso, eles estão integrados e interconectados.

Quantos volumes precisariam ser escritos para capturar quem você é?

Quanto mais você explorar a si mesmo e o mundo e se concentrar em descobrir o seu verdadeiro eu, mais inteiro e completo, um com você mesmo e interconectado, você se sentirá. Você se sentirá congruente, em harmonia, vivendo uma verdade que se manifestará em todas as áreas de sua vida.

Como parte da descoberta da sua verdade, às vezes você pode realizar ações das quais se arrepende. O arrependimento é uma maneira poderosa de encontrar a verdade, porque o arrependimento está apenas dizendo que você trilhou um caminho de mentira e ele está incentivando você a aprender com isso.

No final, o arrependimento é apenas um sentimento que se origina em você mesmo. Você aprenderá que: *Isso é ruim. Não faça isso de novo. Faça algo diferente da próxima vez.*

Se você pensar bem, o arrependimento está apenas apontando que você cometeu um erro. Mas eu sempre gosto de dizer: "não há erros". Cada erro que você comete apenas destaca o que você deveria estar fazendo e o ajuda a se afastar daquilo que não deveria estar fazendo. Os erros ajudam você a aprender, crescer e evoluir.

Como forma de encontrar seu verdadeiro eu, pode ser perfeitamente razoável fazer mais, cometer mais erros e se abrir para novas formas de ser. Ao contrário do que você pode esperar, cometer erros propositalmente (evitando erros catastróficos, é claro) pode ser uma maneira perfeitamente razoável de aprender e crescer.

Se você tiver dificuldades para encontrar novas maneiras de ser e ver, encontre alguém que possa ajudá-lo. Pode ser alguém aventureiro que gosta de viajar ou que seja curioso sobre pensamentos novos e estimulantes. Ou pode ser alguém que queira ajudá-lo a aprender mais sobre si mesmo.

Lembre-se do objetivo aqui. Ele não é apenas fazer coisas novas por fazer. O objetivo é explorar novas partes de você mesmo e, com sorte, descobrir algo.

Lembre-se de que algumas pessoas podem não precisar fazer coisas novas para se descobrirem. Elas podem não precisar se lançar no mundo, em busca de novas atividades, interesses, livros e maneiras de ver.

Em vez disso, algumas pessoas podem descobrir que têm muito da verdade bem no fundo e precisam apenas explorá-la mais e descobri-la por si mesmas.

Compreenda que sua própria mente é tão profunda e complexa quanto o universo. Pense nisso. O universo é infinitamente complexo e sua mente não é capaz de compreender tudo isso. No entanto, o fato de você poder conceituar este universo de alguma forma é uma façanha magnífica.

Seu **universo mental** ou *mente deve ser um sistema bastante avançado* para processar o universo em que vivemos. Estou convencido de que nosso mundo interior e nossa vida são magnitudes mais ricas e complexas do que a maioria de nós reconhece. Aqueles que não pensam assim podem simplesmente não ter explorado seu universo mental profundamente o suficiente.

Como forma de encontrar sua verdade, você pode escolher esquecer o mundo e o universo por um momento e, em vez disso, decidir explorar sua vida interior. Como eu disse, há volumes e mais volumes de livros que poderiam ser escritos sobre todos nós. Explore o seu eu interior e a sua verdade, e você pode acabar escrevendo alguns desses volumes na forma de um diário ou mesmo de um livro.

Como exatamente você pode explorar seu universo mental? Acredito que o truque para fazer isso é passar um tempo sozinho, com seus pensamentos e sentimentos, e tentar explorá-los mais profundamente. Não é suficiente apenas filtrá-los aleatoriamente. Você deve explorá-los conscientemente, procurando padrões, significado, verdade, propósito e seu verdadeiro eu dentro de si mesmo. Talvez essa verdade esteja escondida e você deva sair em uma caça ao tesouro para encontrá-la.

Você pode embarcar em uma jornada de autodescoberta apenas explorando sua mente. Reveja situações pelas quais você já passou. Como você lidou com elas? O que você poderia ter feito melhor? Você as administrou de uma forma que fosse fiel a você mesmo?

Sente-se sozinho e pergunte:

- Quais são as questões centrais da minha vida que eu deveria me perguntar?
- Por que estou sempre infeliz, ansioso ou impaciente?
- Qual foi o maior erro da minha vida?
- O que posso fazer hoje para melhorar a maneira como me sinto em relação à minha vida?
- Estou estagnado? Por quê? Posso mudar isso?
- Há alguém que pode me ajudar a encontrar minha verdade?
- Existe um padrão de problemas que me acompanham, não importa aonde eu vá ou o que faça? Por quê?

A importância de passar um tempo sozinho é aprender a não se distrair com a tagarelice de outras vozes. Seu próximo passo será aprender a aquietar as vozes em sua mente, para alcançar o verdadeiro silêncio. Isso o ajudará a buscar a verdade que já está dentro de você.

Para conseguir acalmar o ambiente e a mente, recomendo a meditação. Você não precisa se forçar a pensar em nada. Em vez disso, relaxe a si mesmo e a sua mente, e observe os pensamentos que surgirem. Imagine estar em um banho de espuma, com as bolhas flutuando, e nessas bolhas estão os seus pensamentos. Você pode vê-los, explorá-los e decidir se eles estão ajudando ou prejudicando você. Você não precisa necessariamente absorvê-los e internalizá-los.

Normalmente, a meditação é feita com pensamentos em mente, mas você pode meditar da maneira que quiser. Em vez disso, você pode se concentrar nos sentimentos. Ao pensar em certas coisas, que sentimentos surgem? O que isso significa? Por que você sente tão intensamente a respeito de certas pessoas ou eventos? Esses sentimentos estão ajudando ou machucando você?

E os desejos? Se algum desejo surgir, do que ele se trata? Alguns desses desejos e vontades você teve durante toda a sua vida? Por que você os quer tanto? Você trabalhou duro para tê-los ou apenas os viu como um sonho que não valia a pena buscar de todo o coração? Esses desejos o motivaram a melhorar? Ou eles fizeram você se sentir indigno?

E os relacionamentos? Se você pensar em alguns relacionamentos em sua vida, como eles estão indo? Que papel você está desempenhando? Qual é o papel da outra pessoa? Esses laços são amorosos, positivos e baseados na confiança, ou são baseados na competição ou má vontade de alguma forma? Em quais relacionamentos vale a pena trabalhar e quais não? Esses relacionamentos estão se transformando em algo que vale a pena ou se desintegrando com o tempo?

Na meditação, você pode refletir sobre seus pensamentos e sentimentos. Você pode se observar. Em seguida, você pode perguntar: "Sou a pessoa que está vivenciando esses pensamentos e sentimentos, ou sou eu que os estou observando e escolhendo conscientemente o efeito que eles terão em minha vida?"

Você pode meditar sobre o que quiser. Você pode explorar sua vida de muitos ângulos diferentes, aprofundando-se cada vez mais em quem você é, no porque você é do jeito que é, onde quer estar e o que está fazendo para chegar lá.

Fazer perguntas é fundamental porque você pode encontrar maneiras mais profundas de explorar e descobrir algo novo sobre si mesmo.

Neste ponto, você aprendeu algumas técnicas valiosas para ajudar a buscar sua verdade. Discutimos como você pode se lembrar, desmascarar, recuperar e descobrir a si mesmo. Agora, tudo o que resta é criar a si mesmo. Exploraremos essa ideia no próximo capítulo.

PERGUNTAS-CHAVE

(Descubra-se)

1. Você se esquiva de novas experiências ou as vê como uma oportunidade de descobrir novas partes de si mesmo?

2. Com que frequência você descobre algo novo sobre você? Você sente que tem sido o mesmo nos últimos cinco anos ou algo mudou em você?

3. Há alguma parte de você que você ignorou que pode valer a pena explorar? Há algo que você sempre quis fazer ou tentar e que negligenciou?

4. Com que frequência você fica sozinho, em paz consigo mesmo? A ideia de fazer isso o incomoda, e por quê?

5. Seus sonhos o apontaram para algo que você pode querer descobrir em si mesmo? Às vezes, nossos sonhos indicam algo que ansiamos, porém que negamos a nós mesmos.

TOME UMA ATITUDE HOJE

(Descubra-se)

Ação: **Hoje, se houver uma situação em que você normalmente diria "Não", considere dizer "Sim" desta vez.** Por exemplo, talvez alguém lhe peça um favor. Ou talvez alguém o convide para uma festa de gala ou uma festa da qual você normalmente não consideraria participar.

Outra forma de aplicar a ação de hoje é prestar mais atenção aos seus pensamentos. Talvez você esteja olhando roupas em uma loja e seu primeiro pensamento seja: "Não, esse não é o meu estilo." Em vez disso, considere que você poderia gostar desta peça de roupa se ao menos a experimentasse.

Preste muita atenção quando sua mente disser "Não" e reserve um momento extra para considerar se pode descobrir algo novo sobre si mesmo dizendo "Sim."

Motivo: Quando evitamos fazer coisas novas, podemos ficar muito confortáveis e mais fechados. Com o tempo, podemos decidir que evitaremos qualquer experiência se não esperamos aproveitá-la. Mas essa mentalidade nos impede de descobrir os limites do nosso verdadeiro eu.

Dica: Eu costumava ter dificuldades para fazer coisas novas, então eu sei como é. Talvez você esteja apreensivo em se jogar em algo novo. Nesse caso, meu conselho é começar por baixo. Por exemplo, se grandes multidões o incomodam, faça um esforço para se reunir em um grupo menor. Ou, se ambientes imprevisíveis o deixam desconfortável, peça informações adicionais antes de se comprometer com uma atividade específica. A questão é fazer um esforço. Ouse fazer algo novo, mesmo que normalmente você não tenha o costume de fazer.

Crie-se

"Confie em si mesmo. Crie o tipo de eu
com o qual você ficará feliz em viver a vida
toda. Aproveite a si mesmo ao máximo,
transformando as minúsculas faíscas internas
de possibilidade em chamas de conquistas."

— Golda Meir

Pergunte a si mesmo: O que está faltando na minha vida, o que eu gostaria de ter? O que eu nunca tive da maneira que queria? E isso é algo que eu tenho o poder de trazer para a realidade?

Para ter uma ideia do que isso pode ser, observe o que o cerca. Você tem amigos extrovertidos e espontâneos, enquanto você é mais introvertido e metódico, ou vice-versa? Você admira pessoas que têm certas qualidades? Talvez elas sejam confiantes e divertidas, e você não acha que possui essas qualidades.

Caso contrário, pense em qualquer coisa que você já invejou. Você tem inveja de algumas pessoas pelo que elas foram capazes de realizar? Em vez de desperdiçar sua energia com a inveja, por que não planejar tornar-se mais parecido com elas se é isso que você realmente deseja?

Considere: Existem algumas qualidades, habilidades ou aptidões que você deseja, que sempre pareceram fora do seu alcance?

Antes de prosseguir, pergunte-se se essa necessidade ou desejo vem do seu verdadeiro eu. Isso é algo que você deseja se tornar porque já faz parte de você? Lembre-se de que algumas qualidades não são uma parte natural de nós, mas podemos aprender, desenvolver e nos tornar essas qualidades se fizermos um esforço.

Estou falando de algo que muitas vezes é ignorado. Estou falando sobre criar a si mesmo e construir-se naquilo que você deseja ser. Se você não tem um eu com o qual esteja feliz, orgulhoso ou confortável, crie essa versão de si mesmo.

Você provavelmente já ouviu falar de histórias em que alguém foi intimidado ou mesmo agredido quando criança. Por causa disso, essa pessoa decidiu se tornar um fisiculturista ou aprender caratê. Isso é admirável — ela decidiu criar quem precisava ser para atingir seus objetivos. Ela não queria ser um alvo de perseguição, sem autoconfiança. Em vez de ser uma vítima, ela inverteu o jogo e se tornou o herói de sua própria história. Este é um exemplo clássico de como podemos criar a nós mesmos, apesar de nossas falhas ou experiências infelizes da vida.

Muitos de nós não entendemos que podemos fazer isso ao longo de qualquer uma de nossas dimensões humanas. Você não é tão inteligente quanto gostaria de ser? Existe um caminho para chegar lá. Já escrevi muitos livros que podem ajudar com isso — por exemplo, *Princípios Secretos dos Gênios*. Isso não é fácil. Um fisiculturista treinará todos os dias, levantando pesos para trabalhar diferentes conjuntos de músculos, e fará uma dieta para ajudar a atingir objetivos específicos, medindo constantemente o progresso. Por que o trabalho necessário para construir seu intelecto seria diferente?

Estou ciente de que muitas pessoas argumentarão que o intelecto não pode ser desenvolvido. Para mim, o argumento não é importante. Você pode aprender estratégias que irão melhorar seu pensamento e resolução de problemas e, ao fazer isso, você pode melhorar os resultados em sua vida em uma ampla gama de áreas. Se você puder pensar de maneira mais inteligente e realizar ações mais inteligentes, então, falando de maneira prática, você aumentou suas habilidades intelectuais.

Um dos maiores erros que cometemos é presumir que não podemos melhorar em áreas críticas de nossas vidas.

Por muito tempo, tive medo de falar em público. Presumi que isso não poderia ser resolvido e que eu era um caso perdido. Quando fui aceito na pós-graduação em 2009, percebi que falar em público seria um estilo de vida lá. Eu precisava aprender a administrar esse medo e superá-lo. A única outra opção era fugir disso. E fugir passou pela minha cabeça. Eu pensei: *Eu poderia simplesmente sair do curso antes mesmo de começar. Eu poderia mudar de carreira.* E então eu percebi o quão bobo eu estava sendo. Eu iria redirecionar todo o meu plano de vida apenas por causa de um simples medo?

Tenha em mente que quando criança, eu era um aluno que temia tanto apresentações que comecei a faltar à escola por esse motivo. Eu era um excelente aluno, mas meu calcanhar de Aquiles era falar por alguns minutos na frente das pessoas. Eu tinha meus rituais na noite anterior dessas atividades. Uma vez, rezei para cair trinta centímetros de neve, outra vez para que a professora se esquecesse de chamar meu nome para fazer a apresentação. Em outra ocasião, rezei para ficar doente o suficiente para ser dispensado da apresentação e depois me recuperaria rapidamente. É engraçado para mim agora que, mesmo com todo meu medo de falar em público, eu não havia considerado a ideia de que poderia rezar para superar meu medo. De alguma forma, isso parecia muito improvável na época.

Eu sou a pessoa que considerou por um minuto desistir da pós-graduação antes mesmo de começar. No final, eu fui. E, como previ, precisei fazer apresentações com frequência. No final do meu primeiro ano, tive minha maior apresentação. Apresentei minha pesquisa para mais de 100 pessoas. Fui muito bem. Tudo o que fiz foi parar de me concentrar no medo e na preocupação. Em vez disso, redirecionei minha atenção para ajudar os outros, para educá-los. Cada apresentação é sobre ensinar algo a alguém, então foi isso que escolhi focar. Essa mudança de mentalidade me permitiu superar meu medo.

Quando superei o medo de falar em público, pensei: *Talvez possamos melhorar em algumas coisas. Talvez o QI possa aumentar se apenas trabalharmos nisso. Talvez qualquer medo possa ser superado. Se você definir uma meta de se aperfeiçoar em alguma área de sua vida, pode finalmente chegar lá.*

Gostaria que você observasse que esse é um padrão que redescobri em minha vida muitas vezes, em muitas áreas diferentes. Muitas vezes pensei: *Eu não posso fazer isso. Eu não sou bom o suficiente. Não sei por onde começar.* No final, eu acabaria fazendo. Com o tempo, eu mal me reconheci. Eu não era mais a pessoa que tinha medo de falar com os outros. Eu não era mais a pessoa cuja memória não era boa o suficiente (como discutido em *Memória Prática*) ou que não era mentalmente saudável o suficiente (como discutido em *7 Pensamentos Para Viver Sua Vida*).

Tornei-me um novo eu porque me criei dessa maneira.

Este é um tópico tão importante que eu quero que este ponto faça sentido para você. Seja o que for que você queira criar em si mesmo, você pode chegar lá. Pode não ser fácil e você pode precisar de alguma ajuda, mas você pode fazer isso. Mas você não pode começar sem entusiasmo. Você tem que começar de todo o coração. Então, as coisas tendem a se encaixar.

Algo que nunca mencionei a uma única alma por vergonha, mas que gostaria de compartilhar com você é que uma vez uma psicóloga me diagnosticou com um "Transtorno da expressão escrita," uma deficiência de aprendizagem que eu nem sabia que existia. Tomei conhecimento desse diagnóstico quando estava na pós-graduação, na época da minha vida em que mais tinha dificuldade. Eu já tinha sido diagnosticado com um grande transtorno depressivo e distimia, mas essa era a última coisa com a qual eu esperava ser diagnosticado.

Nunca me preocupei com a minha capacidade de escrita ou fui informado por algum professor de que podia ter problemas com a escrita. No entanto, uma psicóloga me diagnosticou com isso. Então, ela explicou que eu teria grandes dificuldades em manter o padrão de escrita que eu esperava.

E em minha carreira, os padrões de escrita eram altos. No programa de pós-graduação, esperava-se que eu escrevesse e publicasse artigos acadêmicos regularmente. Eu precisava ser capaz de editar meus textos sozinho. Se as pessoas descobrissem que tinha esse distúrbio, achava que seria motivo de piada.

Fiquei chateado por alguns dias com isso, e então joguei a análise dela no lixo. Decidi esquecer isso (até hoje).

Um rótulo pode ditar sua vida, se você permitir. Mesmo quando eu estava na pós-graduação, escrever era uma paixão minha. Eu queria ser um escritor profissional, mesmo naquela época.

E assim, pensar por um só momento que talvez eu não pudesse ter uma carreira que envolvia a escrita me deixou com uma sensação horrível. A dúvida estava começando a aparecer, e foi por isso que joguei fora a análise e o diagnóstico—para ajudar a libertar o domínio deles sobre mim.

Quando os joguei fora, parecia que um feitiço havia sido quebrado. Eu não deixaria esse rótulo definir um limite para minhas habilidades.

Infelizmente, tendemos a estabelecer limites para nós mesmos. Se você tiver a sorte de ter evitado isso até agora, outra pessoa pode ficar tentada a impor isso a você. Devemos superar essa parte restritiva de nossa natureza. Devemos explorar nossas habilidades ilimitadas, nossa capacidade de nos criarmos como imaginamos ou desejamos ser.

Você pode se desenvolver muito além do que você imaginou ser possível. Por que se vender por tão pouco? Por que estabelecer limitações para você, mesmo que elas não existam de fato?

Praticamente tudo pode ser praticado ou fortalecido. A questão é se você conhece o caminho para chegar lá, se você tem os recursos e o treinamento certos à sua disposição e se você tem uma vontade grande o suficiente para fazer isso. Aqui estão algumas qualidades que podem ser praticadas: intelecto, empatia, intuição, habilidades de comunicação, resolução de problemas, criatividade, liderança, habilidades de informática, idiomas, autodefesa, habilidades de sobrevivência, uma mentalidade positiva, a capacidade de fazer amigos, networking, escrita, autoconsciência e espiritualidade. Esta é apenas uma amostra das possibilidades.

Para cada tópico, existem livros, cursos, vídeos, podcasts, blogs, artigos, coaches e terapeutas que podem ajudá-lo se você parar um momento para pesquisar as informações.

Recriar a si mesmo nunca foi tão fácil. A informação está por toda parte, mas ainda é um trabalho árduo. Só porque ela está por aí, não significa que o caminho seja fácil.

A questão fundamental é: A que vale a pena dedicar tempo para melhorar minha essência, de dentro para fora?

Explore quaisquer decepções em sua vida. Quais são seus arrependimentos? Quais são algumas das desculpas que você costuma dar para encobrir algo que não gosta em você? Há alguma vergonha que você carrega consigo, que talvez você até tenha vergonha de compartilhar? Existe um buraco em seu espírito que o está prendendo? Olhe para essas partes doloridas em sua vida e ilumine-as, pelo menos para você mesmo, para que possa vê-las com mais clareza. Se você nega quem você é, será difícil progredir.

Veja a si mesmo como um espécime científico. As pessoas doam seus corpos à ciência. Você deve doar sua mente para uma autoexploração objetiva. Isso significa que você pode se ver de longe, não como você mesmo, mas como outra pessoa pode vê-lo. Você pode examinar a si mesmo e sua mente de certa distância e ver a si mesmo *como* você é. Este é um espaço seguro onde você não precisa esconder nada. Você pode exibir suas falhas, medos e vergonhas secretas por tudo o que eles são, porque ninguém tentará usá-los contra você ou julgá-lo por isso.

Seu eu objetivo e imparcial está aqui no papel de um médico, terapeuta ou xamã para ajudá-lo a melhorar novamente. Talvez não haja nada de errado com você. Talvez tudo de que você precise seja a chance de encontrar seu verdadeiro eu, de viver sua vida.

Ao explorar suas falhas, medos e vergonhas mais profundas, você verá que existe um caminho para se recriar do jeito que você quer ser.

Vamos considerar um exemplo.

Talvez, ao entrar em novos relacionamentos, você tenha a tendência de pensar que não será bom o suficiente para essa pessoa. Essa crença leva você a temer perdê-la antes mesmo de o relacionamento começar. Então você se torna muito apegado a essa pessoa muito cedo, o que a faz se afastar. A pessoa não gosta disso. Ela quer seu espaço. O relacionamento termina rápido e você se sente ainda pior com relação a si mesmo. Talvez você tenha um ciclo como este. Talvez não este, mas outro onde suas falhas, medos e vergonhas criam o mesmo ciclo vicioso, repetidamente. Pense neles. Quais são os ciclos viciosos da sua vida?

Você pode recriar a si mesmo para superar isso?

É possível NÃO se limitar pelo seu passado e, de alguma forma, superar tudo isso e transcendê-lo?

No caso acima, em vez de fingir confiança, você poderia ir mais fundo e aumentar a sua confiança para superar seus constantes problemas de relacionamento? A sua falta de confiança é porque você não é tão educado ou habilidoso quanto seus amigos? Você poderia buscar essa educação? Ou se ir para a universidade parece fora de alcance, você pode pelo menos adquirir algumas habilidades valiosas para que possa criar a vida que sempre quis para si mesmo? Isso daria a você a confiança de nem sempre se preocupar em perder a pessoa que você acabou de começar a namorar?

Procure os padrões viciosos de sua vida. Quais são eles? Você costuma procrastinar? Isso geralmente é um sinal de que você está resistindo a algo. Você não quer realmente fazer esta tarefa, então você a deixa para o último minuto possível, e então acaba falhando terrivelmente. Ao falhar terrivelmente, você se convence de que não é qualificado, não é inteligente o suficiente e não é bom o suficiente. No entanto, na realidade, você se sabotou. Mesmo se você tender a procrastinar e ainda assim ter sucesso em seus objetivos, no final, isso é um sinal de que você não quer honestamente estar no caminho em que está. Nesse caso, há algo que você pode mudar para fazê-lo voltar à sua verdade?

Você permite que outras pessoas tenham poder e controle sobre você? Você permite que elas façam o que querem porque é mais fácil? Você está em um ciclo vicioso no qual faz o que elas falam e depois se arrepende de ter seguido o caminho que elas lhe disseram para seguir? Talvez você tenha negligenciado seu verdadeiro eu ao longo do caminho.

Você costuma entrar no mesmo tipo de argumento, onde o mesmo problema surge, repetidamente? Existe algo que está faltando em quem você é como pessoa? Você pode criar o que é necessário para preencher esse vazio em você e superar esse problema?

O primeiro passo para o crescimento é sempre tomar consciência de que existe um problema. Se você está feliz e satisfeito com tudo em sua vida, não há nada para arrumar, nada que você precise criar em si mesmo.

No entanto, este é um livro sobre a verdade. Portanto, eu o encorajaria a *cavar mais fundo*. Não minta para si mesmo, só porque é conveniente fingir que está tudo bem. Se você não tiver problemas significativos, isso é ótimo. Mas se você tem problemas substanciais que o prendem, você deve reconhecê-los, enfrentá-los e trabalhar neles. Este é o caminho a seguir.

A última coisa que você precisa fazer é procurar um caminho fácil. O caminho fácil geralmente não é o mais verdadeiro. Olhe mais fundo e procure por qualquer coisa com a qual você não esteja realmente feliz.

Você costuma tentar encobrir algo sobre você, para que os outros não percebam? O que é? Porque você faz isso? Você faz pouco caso de certos tópicos para que os outros pensem que você não se importa quando na verdade eles são muito importantes para você? Você usa uma máscara em público para fazer parecer que tudo está indo bem, então em casa, você desaba em depressão, exaustão ou oprimido pela ansiedade?

Talvez você valorize a autossuficiência. Você às vezes tenta fazer tudo sozinho? Você pode se recusar a pedir ajuda, aconteça o que acontecer. Talvez essa teimosia resulte em fracassos, e então você se sinta péssimo por sua incapacidade de progredir.

Olhe profundamente para dentro de si mesmo para descobrir o que vale a pena acrescentar à sua vida. Pense nisso com cuidado, porque desenvolver qualidades e construir habilidades exigirá grande dedicação. Fazer isso da maneira certa exigirá tempo e esforço. Você pode ser tentado a desistir às vezes. Só você pode decidir se algo é importante o suficiente para que valha a pena investir nisso.

Decida quem você precisa ou deseja ser. Decida a pessoa que você deseja criar em você, então, faça-o de todo o coração e nunca olhe para trás.

Para fazer isso com êxito, você deve ter um propósito maior em mente. Talvez se você sofreu bullying, você possa aprender caratê para se proteger, a princípio. Mas, com o tempo, você pode querer ajudar a proteger sua família ou também as pessoas ao seu redor. Pergunte a si mesmo se há um propósito maior aqui além de apenas você. Isso o motivará a continuar, mesmo em tempos difíceis.

Aconselho você a não criar algo em si mesmo só porque está na moda e os outros o fazem. Não considere criar e construir a si mesmo levianamente.

Esta será uma jornada épica, profunda, espiritual e criativa para se tornar quem você quer e precisa ser. Não se contente com nada menos.

Como observação final deste capítulo, mencionei que uma vez joguei fora a análise de um psicólogo. Se você recebeu uma análise ou diagnóstico de seu psicólogo, *não* recomendo jogá-los fora. Fale com o seu médico ou obtenha uma segunda opinião para saber mais sobre os diagnósticos que você receber. Se você precisa de cuidados de saúde mental e não está satisfeito com o seu provedor, discuta isso com ele. Se necessário, considere mudar para outro que possa atender melhor às suas necessidades.

PERGUNTAS FUNDAMENTAIS

(Crie-se)

1. Quais são as habilidades, aptidões ou qualidades que você sempre quis desenvolver em si mesmo, mas nunca fez? Isso é apenas porque você disse a si mesmo que não conseguiria?

2. A sua visão de si mesmo está inteiramente focada nas coisas que aconteceram com você no passado? Você vai deixar algum espaço para criar quem você deseja ser?

3. Você já tentou se olhar objetivamente? Você consegue se ver da perspectiva de uma pessoa neutra e imparcial?

4. Qual é o problema que você costuma ter na vida? Qual foi o seu papel na criação dele? Isso se tornou um ciclo vicioso? O que você precisa criar em sua vida para se libertar disso?

5. Quem você mais admira neste mundo? Quais qualidades, traços ou hábitos específicos você gosta nessa pessoa? Você poderia absorver alguns deles e se tornar uma pessoa que também tem essas qualidades?

TOME UMA ATITUDE HOJE

(Crie-se)

Ação: **Pense no seu problema mais profundo que está impedindo você de ser a pessoa que você precisa, deseja e merece ser.** É o medo? É uma experiência com a qual você nunca foi capaz de fazer as pazes totalmente? É a falta de uma habilidade ou aptidão específica? Pode até ser a falta de autoconsciência?

Quando você tiver o seu problema mais profundo ou maior falha em mente, **crie uma lista de ações** para melhorar nessa área de sua vida. Em seguida, **selecione uma que você possa trabalhar a partir de hoje e faça-o.**

Motivo: para se criar do jeito que você precisa, deseja e merece ser, primeiro você deve identificar um grande problema em sua vida que o está impedindo de chegar lá. Não há vergonha em admitir isso. Tenho notado muitos problemas graves em minha própria vida. Às vezes, as pessoas ao meu redor também apontam essas falhas. A questão é que, ao reconhecer esses problemas, você será capaz de encontrar um caminho a seguir. No entanto, se negarmos esses problemas, não será fácil progredir.

Dica: se você tiver problemas para descobrir uma questão importante em sua vida, envie um e-mail para alguns amigos próximos e familiares e pergunte o que eles acham que está segurando você. Diga a eles que você deseja sua total honestidade e franqueza e que não ficará chateado por ouvir a verdade deles. Você pode mencionar que deseja identificar problemas críticos em sua vida para superá-los e criar uma versão melhor de si mesmo.

Considere algumas maneiras simples, mas eficazes de melhorar sua vida: Você está comendo e dormindo bem? Você está fazendo exercícios? Você está reservando um tempo para meditação e atenção plena? Você está tratando as pessoas em sua vida com amor e bondade? Você está administrando suas finanças de maneira adequada? Qual destes aspectos poderiam te beneficiar mais? Vamos trabalhar nisso.

Conheça a Si Mesmo Profundamente

"Não olhe para outra pessoa e queira ser essa pessoa. Pesquise dentro de si mesmo e descubra quem você é e seja alguém positivo."

— Kelly Rowland

Já discuti a importância de se conhecer nos capítulos anteriores. No entanto, conhecer a si mesmo é fundamental para encontrar sua verdade, e acho essencial me aprofundar ainda mais nisso aqui. A esperança é que, com este capítulo, você seja capaz de se aprofundar mais em si mesmo.

Algo que parece nos escapar é que temos um universo dentro de nós. A própria mente é como seu próprio universo único e, como mencionei, gosto de chamar isso de universo mental.

Para qualquer coisa no universo, você pode sentir e perceber através de muitas dimensões. Por exemplo, existem os sentidos. Isso inclui paladar, tato, audição, visão e olfato. Você também pode experimentar emoções — como amor, felicidade, orgulho, vergonha e medo. Claro, muitas vezes, para as coisas que percebemos e sentimos, construímos associações entre elas. Portanto, para qualquer coisa no universo, você pode considerar como isso se relaciona com tudo o mais que você conhece.

Existem também muitas maneiras de compreender. Por exemplo, você conhece o processo de como algo funciona? Você conhece o propósito dele? Você está familiarizado com tudo o que há para saber sobre esse processo? Então, há imaginação. Para qualquer experiência, você pode usar isso para ter ideias criativas.

Além disso, considere que, para qualquer coisa que exploramos no universo, estamos explorando uma parte de nossas mentes. Tudo o que sentimos no universo é, em última análise, a vivência de padrões de neurônios disparando no cérebro. Não temos a experiência direta de nada. Em vez disso, temos a experiência de ter uma experiência. Ter experiência direta significaria ser alguma coisa. No entanto, a única coisa que podemos ser é nós mesmos.

Temos a experiência direta de ser nós mesmos.

E ter essa experiência significa que vivenciamos o universo através de nós mesmos (por exemplo, nossa mente, sentidos e sentimentos). Visto que fazemos parte do universo, nossa experiência humana é apenas uma pequena parte do universo, experimentando outra parte muito maior do universo.

Durante toda a nossa vida, exploramos o universo ao nosso redor. Temos pensamentos sobre tudo o que está acontecendo ao nosso redor. E muitas vezes, os pensamentos que temos sobre nós mesmos podem ser apenas nós absorvendo ideias das pessoas ao nosso redor. Se alguém diz que somos egoístas, então acreditamos. Se dizem que somos espontâneos, passamos a pensar assim. Com o que quer que digam, acabamos concordando.

A maioria dos nossos sentidos e maneiras de saber existem para nos ajudar a reunir informações sobre o mundo. No entanto, alguns sentidos nos ajudam a compreender a nós mesmos, como a autorreflexão e nossa sensação de temperatura, equilíbrio e dor ou pressão.

O único sentido que temos que realmente nos ajuda a aprender sobre nós mesmos, em termos de nossa verdade e de quem somos, é a autorreflexão.

Alguns de nós podem lutar contra a autorreflexão por uma variedade de razões. Pode parecer chato, egoísta ou mesmo sem sentido. Mas esses são pensamentos superficiais e devemos cavar mais fundo.

Para cada aspecto do universo, temos nossa maneira interna de processá-lo. Considere que o universo tem múltiplas dimensões—comprimento, altura, largura, o continuum espaço-tempo e, então, talvez dimensões ainda mais profundas que não podemos perceber.

Também temos nossas dimensões baseadas na experiência, a partir das quais podemos processar o próprio universo. Como já foi dito, existem nossos sentidos físicos e, depois, existem a emoção, compreensão e imaginação. Em vez de dimensões físicas, essas podem ser nossas quatro dimensões básicas de experiência. E provavelmente existem muitas outras mais profundas das quais não temos plena consciência, a partir das quais podemos experimentar o universo.

O objetivo desta seção é ajudá-lo a ter essa compreensão — tão complexo e profundo quanto todo o universo, o mesmo pode ser dito de sua mente, sua experiência interior e verdade. Suas experiências interiores podem ser muito mais ricas e complexas do que você pensa que são. É por isso que me refiro a elas como o universo mental.

Assim como existem aspectos ocultos do universo que são desconhecidos para você, também existem aspectos ocultos de sua mente que você ainda não explorou.

Não estou convencido de que a maioria de nós sabe muito sobre nós mesmos. Não exploramos nossas mentes e verdades muito profundamente. Somos ensinados a olhar para o mundo, mas não a olhar para nós mesmos.

Podemos conhecer bem algumas dimensões de nós mesmos. Talvez você saiba quais são seus interesses, mas por que esses são seus interesses? Para tudo o que você é e faz, existe um PORQUÊ por trás disso. Por que você é desse jeito? QUEM é o seu **VERDADEIRO EU**?

Deixe-me contar sobre meu amigo James.

James sempre foi atraído pela música. Ele sempre gostou de música e queria tocá-la, por isso aprendeu a tocar trompete desde muito jovem. Ele era fenomenal nisso, mas por que a música era tão importante para ele? Bem, ela o fazia se sentir bem. Ela amenizava suas dores e dava sentido à sua vida. Já adulto, ele se tornou professor de música porque queria ajudar os alunos a desenvolver essas emoções. Para todos que estavam tendo dificuldade na vida, ele queria que eles vissem sentido em suas vidas, para que pudessem experimentar as alegrias de fazer música.

Mas por que as emoções deles importavam tanto para ele? James se via em seus alunos de música—frequentemente, as crianças com quem trabalhava tinham seus próprios problemas e dores, e ele estava sintonizando com isso. Ele conseguia se identificar com seus desafios diários.

Mas por que James entrou na música especificamente? Claro, ele sempre foi atraído por ela, mas por quê? Bem, ele tinha um tio que tocava trompete incrivelmente. Ele sempre foi fascinado pelo espírito do som que ele era capaz de produzir.

Então é isso. Talvez sejamos apenas atraídos por certas verdades e maneiras de ser.

O universo está nos puxando em direções específicas e temos que escolher entre fluir junto com ele, resistir a ele ou negá-lo.

Mas há algo sobre James que deixei de mencionar. Vamos nos aprofundar nisso.

Quando James era criança, ele ouvia seus pais gritando um com o outro em sua casa. Eles passaram anos gritando um com o outro, e ele muitas vezes se sentia solitário e vazio por dentro. Finalmente, seus pais decidiram se divorciar. Mas durante toda aquela gritaria, James praticava trompete, focando no desenvolvimento de seu espírito musical. Essa era a sua maneira de abafar o barulho e esquecê-lo. Por fim, ele aprendeu a superar as dores e tristezas de sua vida com as alegrias da música.

Ele tocou trompete antes, durante e depois do divórcio de seus pais. Com o tempo, o trompete se tornou uma extensão de seus sentimentos, emoções e até mesmo de seus dedos. Ele e o trompete estavam em sintonia.

Agora, James sabe quem ele é. Ele é um trompete.

A análise acima é colocada de forma sucinta, mas foi preciso um diálogo contínuo entre James e eu para entender quem era James, bem lá no fundo. Ele tem um talento com o trompete e uma maneira de ensinar essa habilidade que ninguém mais parece ter. Mas não podemos entender James por completo até que percebamos as origens de como ele acabou se tornando um com o trompete.

Agora eu pergunto: *Quem é você? O que é você?*

Reserve algum tempo para explorar o seu universo interior mais profundamente.

O que o deixa irritado, assustado, preocupado, em dúvida, ressentido, magoado, confuso, oprimido ou triste?

O que o deixa feliz, em êxtase, maravilhado, dá-lhe uma onda de energia, fortalece você e o realiza?

Explore seus pensamentos. Como você costumava pensar sobre as coisas? Isso mudou com o tempo? Você está mais positivo ou negativo agora? Mais certo ou duvidoso? Mais espontâneo ou metódico?

Permita-se ficar sozinho, sonhar acordado, deixar sua mente vagar, pensar sobre o que quiser. Dê a si mesmo algum tempo para não ter que *fazer* nada, mas apenas *ser*.

Em seguida, considere: O que você espera obter da vida?

Como você mudou ao longo dos anos? Você é basicamente o mesmo ou mudou de alguma forma significativa?

Quais partes suas são iguais e quais partes são diferentes?

É normal que algumas partes de você permaneçam iguais ao longo dos anos e outras mudem gradualmente. Mesmo as partes de você que permanecem as mesmas podem se tornar mais refinadas ou se adaptar de alguma forma.

Não podemos ficar da mesma forma, pois estamos constantemente respondendo ao nosso ambiente. Qualquer pequena mudança em sua situação ou ambiente pode alterar a forma como você reage e responde a ela.

Imagine se aprofundar cada vez mais em si mesmo. Visualize uma floresta sem fim ou até mesmo um universo criado por você. Imagine que esse não é o universo em que vivemos, mas um que você mesmo criou. Veja isso em sua mente: você vê uma árvore e ela é linda. Esta é a sua verdade. Você vê um esquilo procurando comida. Esta é a sua verdade. Você vê alguém chorando e sabe que ele está triste. Estas são todas as suas verdades. Você sabe que esses pensamentos são precisos, mas são apenas parte de sua maneira de vivenciar o universo. Você fez isso.

Você tem que entrar em sintonia com isso. Quando você souber que algo é verdadeiro, fique com isso. Ouça as outras pessoas e como elas veem as coisas, mas sempre tenha em mente seu estado natural. Sua maneira de ver e vivenciar o mundo é a sua verdade. Não a coloque de lado. Permaneça com ela. Lembre-se. Viva sua verdade.

Quando você sente a verdade com base em seus sentimentos, emoções, intuições, conhecimento, experiências pessoais e assim por diante, então ela é real. No final, quanto mais você vivencia e sabe algo, mais certeza você pode ter que é verdade.

Sua verdade é, em última análise, seu universo completo. E seu universo é apenas todas as dimensões de suas experiências somadas. Enquanto você rumar em direção ao seu verdadeiro eu, vivendo sua vida da forma mais autêntica que puder, tudo sobre você será verdadeiro.

A mentira em nossas vidas costuma ser temporária. Para viver na mentira, precisamos estar em total negação. Infelizmente, somos capazes de mentir para nós mesmos por um longo período. Eventualmente, viver de mentiras pode ser confortável. É mais fácil continuar com a mentira, mesmo que essa mentira se torne toda a nossa vida. Quando tudo na sua vida é uma mentira, você quer acreditar que ela é verdade. Você quer pensar que esta é a sua vida, e isso é real, sólido e concreto. Mas não é. Depois de construir essa mentira, você pode descobrir que está perseguindo os sonhos dos outros, assumindo a personalidade de outras pessoas, fazendo o que elas querem que você faça e pensando como elas. Quando isso acontece, percorremos o caminho da mentira e precisamos voltar aos trilhos.

É como gastar seu tempo e energia construindo um castelo de areia, que pode facilmente desmoronar com o vento, a exposição à água ou qualquer perturbação. Claro, isso deve ser evitado.

O que você pode fazer para encontrar seu eu interior e explorar seu universo interior é identificar partes de você mesmo e perguntar: *Sou eu mesmo ou peguei isso de outra pessoa? Eu realmente penso isso ou sou apenas um eco, repetindo o que outra pessoa disse?* Você tem que começar a se perguntar: *Qual é a linha que me separa de todos e de todo o resto?*

A realidade é que estamos todos interligados. Você foi criado por seus pais, que foram criados pelos pais deles, e assim por diante. Alguns hábitos e padrões são transmitidos continuamente.

Desta forma, a grandeza pode ser transmitida. Por exemplo, suponha que um dos melhores cientistas do mundo esteja em sua família. Nesse caso, ele pode ensinar-lhe a grandeza — e talvez ele tenha aprendido com outro cientista da família.

Por outro lado, se você tem um pai abusivo, talvez ele tivesse um pai abusivo, e assim por diante. Então você pode estar predisposto a se tornar abusivo, mesmo que isso não seja realmente você.

No capítulo anterior, finalizamos com a ideia de que você pode *Criar-se*. Aqui, devemos considerar que, em última análise, você decide quem você é. Quem você é vai envolver tudo o que você já viu e experimentou. Portanto, existe um VOCÊ que está apegado a todos e a tudo ao seu redor. E então há um VOCÊ distinto que está separado. Para seus propósitos, o que você precisa descobrir é **Quem Você Realmente É**. Parte do **Verdadeiro Você** envolverá qualidades com as quais você cresceu, mas você também pode criar novas partes de si mesmo que nunca existiram antes.

Talvez todos em sua família sejam médicos. Só porque eles estão interessados na medicina e em ajudar os pacientes a melhorar, não significa necessariamente que essa é a sua vocação. Sua família pode influenciar o caminho da sua vida, mas, em última análise, você decide qual caminho seguir.

No final, explorar seu universo interior significará examinar partes não mapeadas de você mesmo. Como os cartógrafos mapearam partes do mundo que antes eram desconhecidas, você pode examinar aspectos de si mesmo que antes eram desconhecidos. Em vez de aceitar que você é de certa maneira ou tem certos hábitos ou pontos fortes e fracos, você pode começar a se questionar.

Você tem que ser assim?

Se alguém o rotulou de certa maneira e você aceitou isso por toda a sua vida — você é realmente esse rótulo? Ou pensar que você era esse rótulo apenas o afetou e o transformou nele?

Imagine um experimento em que uma criança escuta como ela se comporta mal o tempo todo. Agora, imagine que esta é uma criança que tenta fazer a coisa certa. No entanto, toda vez que a criança faz algo que não seja perfeito neste experimento imaginário, todos estão prontos para dizer a ela o quão ruim ela é. Dizem à criança que ela não vai dar em nada, que tudo o que ela faz é errado e que ela é péssima em seguir as regras.

Algum dia, se os adultos na vida desta criança forem persistentes o suficiente em apontar todos os erros desta criança, acredito que ela cresceria e se tornaria uma criminosa. Isso porque ela internalizaria a crença de que está podre, destinada ao fracasso total.

Então, a essência interior desta criança é criminosa? Não — ela foi apenas guiada nessa direção e lutou para se livrar desse rótulo. Ela acreditava que tudo o que fazia era horrível, levando-a a problemas, e ela foi sugada para essa realidade.

Outra pessoa escreveu a história de sua vida e ela simplesmente a viveu.

Você já permitiu que outra pessoa escrevesse uma parte da sua história? Você já deu a alguém esse poder?

O mais incrível é que, mesmo que você tenha feito isso, não precisa ser mais assim. Você pode aprender sobre si mesmo, passar algum tempo conhecendo sua verdade e retomar o poder de viver sua vida em seus termos.

Se você não gosta da história que outra pessoa escreveu para você, escreva a sua própria.

Se sua vida fosse um romance e você estivesse se descrevendo como um personagem, como faria isso? Que tipo de personagem você tem sido? Para onde você está indo? Seu caminho está indo direto para o desastre? Então, reescreva a história. Inverta o roteiro e mude as coisas—não é tarde demais para dar meia-volta ou fazer um desvio em sua vida!

Quando você se conhece profundamente, você tem o poder de se guiar para onde precisa ir.

PERGUNTAS FUNDAMENTAIS

(Conheça a Si Mesmo Profundamente)

1. Existe alguém ou algo em que você confia para lhe mostrar o caminho? Você está dando muito poder a uma força externa?

2. Você acredita que existe todo um universo mental para você explorar? Se sim, como você se sente? Você está assustado, animado ou sentindo alguma outra emoção?

3. Você consegue reservar um tempo para explorar seu mundo interior? Para apenas sonhar acordado, escrever em um diário, meditar e pensar sobre sua vida, pensamentos, crenças e propósito?

4. Alguém já o rotulou e você sentiu que estava destinado ou compelido a viver de acordo com esse rótulo? Você conseguiu superar isso?

5. O que você achou da história de James e o trompete? Você tem uma história como esta que o guiou a se tornar quem você é agora?

TOME UMA ATITUDE HOJE

(Conheça a Si Mesmo Profundamente)

O matemático e filósofo francês Blaise Pascal disse: "Todos os problemas da humanidade derivam da incapacidade do homem de se sentar quieto em uma sala sozinho." Muitas vezes penso nessa citação, pois tenho visto o poder de sentar em silêncio, sem esperar ou precisar que algo aconteça. Esta atividade permitirá que você abra a porta para ver seu verdadeiro eu.

Ação: **Vá para uma sala sozinho com o mínimo de barulho possível, sem interrupções, e sente-se. Só isso.** Você não precisa meditar. Você não precisa ter um plano de ação. Apenas sente-se lá por 10 minutos. Se você conseguir fazer isso, tente 20 minutos. Se você chegar a este ponto, continue. Continue sentado, cada vez mais, passando por seu processo de autodescoberta.

Motivo: Passamos muito tempo aprendendo sobre outras pessoas, o mundo e o universo. É tão importante, senão mais, que dediquemos algum tempo para nos descobrir. Isso só pode ser feito por autorreflexão. Temos as chaves das maiores verdades sobre nós mesmos e, portanto, devemos aprender a começar nossa jornada de autoexploração do coração, da mente e da alma.

Dica: encontre um cômodo silencioso em um momento silencioso, quando é improvável que você seja incomodado. Se desejar, você também pode procurar um quarto escuro ou fechar os olhos. Recomendo sentar-se para evitar adormecer. Você pode refletir propositalmente sobre diferentes períodos de sua vida ou pode permitir que sua mente divague para ver o que está passando por ela.

Entenda que, se você nunca reservou um tempo para se conhecer, você pode se surpreender com o que descobrir. Pode haver lembranças ou pensamentos dolorosos em sua mente. Ou você pode ser mais criativo do que esperava e ter uma enxurrada de ideias. Talvez você se sinta entediado ou insatisfeito no início, e tudo bem. Pode levar algum tempo para você se sentir confortável sentado sozinho consigo mesmo. Mas vale a pena.

Quando Você Conhece a Si Mesmo, Você Sabe o Jeito Certo de Ser

"Conhecer a si mesmo como o Ser sob o pensador, a quietude sob o ruído mental, o amor e a alegria sob a dor, é liberdade, salvação, iluminação."

— Eckhart Tolle, *O Poder do Agora*

Quando não sabemos quem somos e quando não sabemos nossa verdade, hesitamos, nos questionamos e perdemos a confiança. Então, não saber quem somos torna-se não saber o que fazer.

Existe essa sensação de estar perdido que pesa nos ombros. Isso acaba pesando em você. Isso faz você se perguntar se vale a pena fazer as coisas.

Muitas pessoas serão facilmente desviadas quando não se conhecem. Nesses casos, podemos ser facilmente guiados pelos pais ou irmão mais velho. Pode parecer sensato fazer o que outra pessoa diz quando não temos certeza do que realmente defendemos. No entanto, há uma diferença entre aprender e crescer com a ajuda de alguém e seguir a verdade dos outros cegamente. Quando nos perdemos, podemos ser suscetíveis a ingressar em uma seita nos casos mais extremos. Isso ocorre porque estamos famintos por significado, propósito e identidade, onde carecemos dessas coisas para nós mesmos.

Quando eu era estudante universitário na Purdue University (por volta de 2003-2007), senti que precisava trabalhar para me sustentar. Então, várias vezes, ficava sabendo de vagas que não exigiam nenhuma experiência. Toda vez, o trabalho era descrito vagamente no anúncio e, quando aparecia na entrevista, eles me pegavam de surpresa. Em vez de ser uma entrevista real, eles pareciam ter um discurso de venda para convencer a mim e a um grupo de candidatos a fazer parte de sua equipe. Eles eram vendedores e queriam me vender a ideia de que vender coisas na loja deles seria bom para mim.

Eu me sentia enganado, como se eles tivessem deixado a descrição do cargo propositalmente vaga, porque sabiam que se mencionassem que era um cargo de vendas, poucas pessoas teriam se interessado. Eu sou, por natureza, introvertido e não sou muito bom com vendas. Sempre fui sincero e não consigo convencer a mim mesmo que qualquer produto ou serviço é essencial, então, como poderia convencer outra pessoa?

Naquela época, eu não me conhecia muito bem. Nessas entrevistas de vendas, me sentia perdido. Em outras circunstâncias, talvez eu tivesse aceitado, apenas para tentar encontrar uma parte de mim por meio do cargo de vendas. No entanto, as poucas coisas que eu sabia sobre mim eram que eu era introvertido, era um pensador e valorizava a verdade.

Em uma dessas entrevistas, eu senti como se estivesse sendo doutrinado para entrar em uma seita. Não vou mencionar a empresa, mas, neste caso, eu não tinha ideia do que o trabalho envolveria, mesmo assim eu compareci. A entrevista parecia ter sido feita apenas por uma questão de protocolo e sem nenhum propósito real. Eles fizeram algumas perguntas básicas e, em seguida, me levaram para uma sala onde começaram a me apresentar o trabalho de vendas. Muitos outros candidatos também estiveram presentes.

Nesse momento, me dei conta de que conhecia o produto desta empresa, pois ele tinha um certo nível de fama. A maioria das pessoas provavelmente já viu um, mesmo que apenas na TV.

O trabalho parecia um sonho. O gerente falou sobre como a equipe de vendas era formada por pessoas ótimas, felizes e extrovertidas, que se divertiam muito. Eles faziam caminhadas, jogavam basquete e faziam viagens para Las Vegas. Mas nada disso tinha a ver com o trabalho em si. Ele falou sobre pessoas que ganharam muito dinheiro na primeira semana sem nenhuma experiência. O trabalho de vendas era perfeitamente convencional. Não havia aspectos ilícitos ou obscuros sobre a mercadoria em si.

O gerente passou uma pequena parte do seu tempo discutindo o que o trabalho envolvia e passou a maior parte do tempo falando sobre como sua vida era maravilhosa e a vida de todas as pessoas da empresa.

Eles estavam vivendo um sonho, supostamente.

Após o final da apresentação, os candidatos e eu sentimos que eles estavam nos fazendo um favor por apenas nos conceder o privilégio de ter a oportunidade de trabalhar com eles.

Por um momento, enquanto eles me mantinham lá, pensei — *Por que não?* Então percebi, como parte do período de experiência, que eles queriam que eu trabalhasse de graça. Eles venderam esse trabalho com tanta seriedade aos candidatos que esperavam que encontrássemos novos clientes e vendêssemos produtos para eles. Só seríamos pagos se fizéssemos uma venda. Nesse ínterim, estaríamos circulando pela cidade, anunciando sua empresa e produtos para eles.

Honestamente, eu realmente não precisava do dinheiro—se precisasse, provavelmente teria aproveitado esta oportunidade para ver aonde isso me levaria. Afinal, esse era um item bem conhecido. Sua reputação de alta qualidade e o potencial de ganhar algum dinheiro tornavam o prospecto tentador.

No entanto, algo me incomodou em toda a minha experiência com esta empresa. Houve uma falta de veracidade desde o início. O anúncio para o cargo foi propositalmente vago — nem mesmo mencionava as vendas. Pareceu-me estranho que a entrevista durou dois minutos com perguntas triviais, e então eles me escolheram para seguir em frente. A apresentação sobre o trabalho focou principalmente suas vidas incríveis, parecendo mais um infomercial promovendo seus negócios do que discutindo o trabalho.

Havia falsidade no ar.

Fiquei me perguntando se as entrevistas eram reais ou apenas encenadas para parecer entrevistas formais. Eu estava até mesmo cético sobre se todos os outros candidatos para o cargo eram reais ou se alguns deles eram atores destinados a preencher o espaço e ajudar a criar entusiasmo. Isso criaria a ilusão de que se todos os atores (ou, aparentemente, os outros candidatos) estivessem entusiasmados com a posição, eu seria louco de deixar essa oportunidade passar.

Essa experiência me serviu como uma lição importante. Quando não sabemos quem somos, o dinheiro é um motivador poderoso. Quando você não tem vontade pessoal ou autocompreensão, torna-se uma escolha óbvia ir aonde quer que ganhe mais. Se eu não tivesse ido para a Purdue University e não tivesse a consciência de ser introvertido, pensador e alguém que valorizava a verdade, e se eu precisasse desesperadamente do dinheiro, provavelmente teria aceitado esse trabalho.

E não há nada de errado com esse trabalho. O objetivo dessa história não é criticar nenhum trabalho ou profissão. O que quero dizer é que, quando você se conhece, ninguém mais o guiará em uma direção específica com tanta facilidade. Mas quando você não se conhece, qualquer um pode manipulá-lo a fazer praticamente qualquer coisa.

Se eu me conhecesse um pouco menos do que me conhecia naquela época, poderia estar vendendo os produtos deles agora, em vez de escrevendo este livro.

Quando você não se conhece, é fácil para os outros dizerem quem você é. Eles queriam me convencer de que eu era a pessoa certa para o trabalho. Eles haviam virado o jogo. Normalmente, quando você vai a uma entrevista de emprego, eles procuram filtrar e se livrar dos candidatos para contratar a pessoa certa. Em vez disso, neste caso, eles queriam contratar todos que pudessem. Eu só consigo imaginar que eles têm dificuldade para manter seus funcionários, então eles evitam filtrar alguém antes de dar a eles a chance de vender.

Posso ver agora que essas empresas estavam empenhadas em criar sua verdade. Eles convencem seus funcionários de que sua empresa é a melhor, que tem diversão e faz mais dinheiro. Todos que trabalham lá acreditam que seus produtos são os melhores e que são exatamente o que todos os clientes deveriam ter. Manter essa versão da verdade os ajuda a vender mais produtos, atrair vendedores mais motivados e ganhar mais dinheiro.

Mas essa versão da verdade não é o que procuro.

Não estou atrás de uma verdade conveniente que me ajude a ganhar dinheiro. Ou uma verdade conveniente que me permita sentir-me bem. Ou uma que me permita viver na mentira, me sentir confortável e manter a paz artificialmente. Prefiro buscar o que é totalmente verdade, não algumas mentiras prontas.

Como podemos nos afastar das verdades convenientes e nos aproximar da nossa verdade? Um passo fundamental é que precisamos parar de nos importar tanto com o que os outros pensam.

Muitos de nós estamos muito preocupados com o que as pessoas ao nosso redor pensam. Isso é algo que vejo em todos os lugares que vou. Acredito que todos nós nos importamos até certo ponto. Mas quando nos importamos e nos preocupamos demais com o que os outros vão pensar, acabamos não vivendo de acordo com nossa verdade. Nesses casos, temos a tendência de viver uma versão falsa de nós mesmos, tentando apenas ser amados por todos os outros. Em vez disso, temos que aprender a nos importar menos com o que as pessoas ao nosso redor pensam. Claro, não há problema em considerar as opiniões dos outros, especialmente se forem amigos íntimos e familiares. Mesmo assim, não devemos permitir que seus pensamentos controlem nossas vidas.

Isso é um clichê, mas quando você descobre seu verdadeiro eu, as pessoas ao seu redor passam a gostar de você pelo que você é. Você não deveria ter que viver sua vida como uma mentira, fingindo ser alguém que você não é, para ser amado. Você não precisa gostar de todas as mesmas coisas que sua família e amigos gostam. Você nem sempre precisa concordar com eles. É normal ser único e autêntico. E se alguém não consegue aceitar isso, pode ser melhor não tê-lo em sua vida.

Lembre-se de que é possível ser sensível e estar ciente das necessidades dos outros e ainda ser você mesmo. Isso pode ser um desafio. Uma maneira de conseguir isso é sendo firme sobre o que você quer e não quer, ou o que você pensa que é correto ou não, mas você não precisa impor isso aos outros. Da mesma forma, você pode aceitar e ouvir o que os outros têm a dizer, mas não precisa permitir que eles imponham seu jeito de ser sobre você. Eles podem fazer as coisas do jeito deles e você pode fazê-las do seu.

Ao contrário do que muitos de nós podemos pensar, uma pessoa que parece fraca ou até indecisa pode ser mais forte do que parece. Quando eu era muito mais jovem, me preocupava mais com o que as pessoas pensavam de mim, por isso muitas vezes concordava com o que as pessoas me diziam. No entanto, eu geralmente era bastante pensativo. Eu percebia que eles não haviam considerado algo importante, ou eu discordaria do seu ponto de vista em particular. Eu parecia fraco em público e facilmente influenciável, mas era muito teimoso quando se tratava dos meus pensamentos particulares. Uma pessoa não poderia influenciar minha opinião tão facilmente.

Ainda faço isso às vezes, se não for alguém que conheço e não quero discutir. Mas quando conheço alguém bem, faço questão de falar o que realmente penso. Sempre menciono que essas são apenas minhas opiniões. Ou digo que ouvi um fato específico em algum lugar. Frequentemente, em vez de partir da posição de saber, tento usar a abordagem de questionar ou imaginar. Estou bem ciente de que nenhum de nós tem todos os fatos. Eu já sei o que penso sobre determinado assunto, então posso também querer saber o que outra pessoa pensa sobre ele e como chegou às suas conclusões. Só porque você para e ouve a perspectiva de outra pessoa, não significa que você precisa concordar.

Uma abordagem comum que uso é, em vez entrar em um debate e me opor veementemente ao que as pessoas dizem — prefiro dizer que terei de pensar sobre isso mais tarde. Suponha que alguém esteja levando a conversa para uma direção que não te deixa feliz e que você acha que é falsa. Nesse caso, você pode dizer a essa pessoa que não tem certeza sobre essas fontes ou que também ouviu informações conflitantes. Às vezes, não vale a pena entrar em um debate intenso, e você também pode simplesmente mudar de assunto depois de certo ponto.

Eu tendo a ficar feliz em concordar com o que as pessoas ao meu redor gostam ou querem fazer. Não sinto necessidade de forçar as coisas a seguirem uma determinada direção. No entanto, quando sei que algo está em conflito com quem eu sou, não tenho problema em traçar uma linha e dizer que não estou interessado.

Por exemplo, digamos que estou encontrando alguns amigos. Durante esse encontro, um conhecido deles se junta a nós e sugere que eles saiam para vandalizar a casa de alguém com quem ele tem um problema pessoal. Meus amigos concordam em ir porque todos têm problemas com essa pessoa e querem lhe dar uma lição.

Isso não é algo em que eu teria que pensar. Eu diria simplesmente que tenho que ir e me desculparia. Não é da minha natureza causar novos problemas ou ser agressivo com alguém e, claro, não sou uma pessoa que infringe a lei. Tudo isso é contra quem eu sou como pessoa, então não vou fazer isso. Esta não é uma área cinzenta para mim. No final, eles podem me pedir apenas para lhes dar uma carona—minha resposta ainda seria "Não". Eu não quero estar envolvido.

Para continuar com este exemplo, ouvi dizer que os jovens às vezes vandalizam um lugar, apenas por tédio ou diversão. Alguns deles aprendem, depois de fazer essas coisas, que isso não faz parte da sua identidade. E, infelizmente, alguns podem perceber que não têm nenhum problema em infringir a lei e passam a cometer crimes maiores.

Claro, eu não defendo a prática de nenhum crime, mas todos nós temos que encontrar nosso jeito de ser. Algumas pessoas aprenderão a ser melhores somente depois de cometerem seus erros. Precisamos encontrar nossa verdade, e nem sempre há um único caminho. Quando conhecemos nossa verdade, podemos simplesmente vivê-la e ela flui de nós. Não precisamos nos preocupar em descobrir uma nova situação—tenderemos a saber a abordagem certa a seguir. É claro que não existe um único jeito certo de viver. Mas o importante é encontrar o seu "caminho certo."

Ouça a sua verdade e ela falará mais alto e mais claramente com você. Quando negamos nossa verdade e nos afastamos dela, damos menos voz a ela e acabamos fazendo coisas que não fazem parte de quem somos. Algum dia, é possível perder quem somos se nos afastarmos cada vez mais de nossa verdade.

Se não tomarmos cuidado, é possível chegar a um ponto em que seremos estranhos para nós mesmos.

Encontrar sua verdade não é uma tarefa fácil. Todos nós podemos ser colocados em situações difíceis às vezes, e podemos não saber o curso de ação certo a tomar. Mas é por isso que é vital *viver nossa verdade* por meio de nossas *ações cotidianas*. Quando você lida com pequenas escolhas da vida sendo fiel a si mesmo tanto quanto possível, você administrará com mais facilidade as grandes escolhas da vida.

Entenda que o conflito pode ser usado como uma ferramenta para ajudá-lo a encontrar sua verdade. Algumas pessoas não querem nenhum conflito. Eu tendo a evitá-lo, mas o conflito nem sempre é destrutivo. Se tudo o que você faz é evitar o conflito, as pessoas podem pressioná-lo, dizer o que fazer e ignorá-lo. Em algum ponto, você deve estar disposto a falar sobre o que é importante para você. Se suas verdades importantes estão sendo deixadas de lado, depende de você expressá-las. Assim, as pessoas ao seu redor poderão entender melhor sua perspectiva.

É claro que o conflito muitas vezes nos leva a reações emocionais, que também fazem parte da nossa verdade. Se você ficar com raiva, triste ou ansioso em algum momento, essa é uma experiência real pela qual você está passando. Depende de você ouvir essas emoções para que elas possam ajudar a guiá-lo para onde você precisa ir. As emoções negativas muitas vezes estão apenas apontando para nós que algo não está indo bem. Se você chora regularmente, deve se perguntar: *O que há de errado? O que está me incomodando? E como posso viver melhor minha verdade para superar isso?*

Leva tempo para se conhecer. Quando você é jovem, tenha um pouco de paciência. Você precisa de tempo para lembrar, desmascarar, recuperar, descobrir e criar a si mesmo. Isso não acontece do dia para a noite. Quando você está inseguro, comete um erro e se afasta da sua verdade, esta é uma oportunidade para mudar sua perspectiva. Quando você se desvia da sua verdade e percebe que isso aconteceu, você pode se redirecionar de volta para ela. Mesmo afastando-se de si mesmo, você pode voltar ao seu verdadeiro eu. Não há erros, contanto que você os use para guiá-lo de volta ao seu verdadeiro eu.

Mesmo à medida que envelhecemos, devemos estar dispostos a continuar a nos aprofundar em quem somos e a descobrir e criar novas versões de nós mesmos. À medida que envelhecemos, tendemos a nos fixar em nossos caminhos, mas não há limites para o quanto podemos crescer, mudar e evoluir. Em muitos aspectos, os idosos podem não ser tão diferentes dos jovens. Quando envelhecemos, ainda não sabemos tudo sobre nós mesmos e devemos estar dispostos a nos explorar mais profundamente.

Eu aconselharia o seguinte: O velho deve fazer amizade com o jovem. Os homens devem se esforçar para conhecer as mulheres. O extrovertido deve ter como objetivo conectar-se com o introvertido. E o relacionamento deles será uma via de mão dupla. Encontre alguém que o ajudará a iluminar partes de você que você nem sabia que estavam lá.

Ao conhecer outras pessoas, você se entenderá melhor. E ao se conhecer, você saberá a maneira certa de viver.

PERGUNTAS-CHAVE

(Quando Você Conhece a Si Mesmo,
Você Sabe o Jeito Certo de Ser)

1. Você já foi manipulado porque não se conhecia bem o suficiente? Foi uma lição de vida valiosa e desafiadora?
2. Quais foram os maiores testes de caráter, força de vontade, resistência, intelecto ou liderança em sua vida? O que você aprendeu sobre você mesmo?
3. O que você aprendeu sobre si mesmo que o surpreendeu? Se não tiver nada, isso é um sinal de que você pode se beneficiar ao assumir mais alguns riscos.
4. Quando foi a última vez que alguém tentou convencê-lo de que o conhecia melhor do que você mesmo? Eles estavam certos ou não?
5. Você está sendo guiado por sua verdade interior e força vital, ou algum motivador externo, como dinheiro, status, poder ou outro desejo o está guiando até agora?

TOME UMA ATITUDE HOJE

(Quando Você Conhece a Si Mesmo,
Você Sabe o Jeito Certo de Ser)

Ação: **Pergunte a si mesmo qual é a principal razão de sua existência.**
Isso pode envolver seu crescimento pessoal, ajudar alguém ou cumprir suas
obrigações profissionais. Também pode envolver um chamado, como um
objetivo religioso, ensino ou paternidade. Caso contrário, pode envolver
um valor maior que é mais importante para você do que qualquer outra
coisa, como a Verdade, o Amor, a Família ou a Sabedoria.

Tente esquecer por um momento o que outra pessoa o direcionou para ser.
O que VOCÊ está aqui para fazer? Isso pode ser algo que emanará do seu
íntimo. Isso brilhará como uma luz interior e não será algo que você deva
tentar ou buscar.

Hoje, escreva seu propósito de vida em duas ou três frases. Você pode
escrever algo mais longo, se desejar, mas tente ser conciso no final. Isso o
ajudará a manter o foco. O que você está aqui para fazer nesta vida que
lhe foi dada?

Motivo: Se você não sabe o seu PORQUÊ, então será difícil conhecer a si
mesmo. Todos nós podemos agir e trabalhar para progredir em alguma
área de nossas vidas, mas qual é a razão mais profunda pela qual o que
você faz realmente importa?

Dica: Quando você souber a razão principal da sua existência, escreva-a e
reflita sobre ela periodicamente. Conforme você cresce ou evolui, é normal
revisitar, revisar ou até mesmo reescrever sua declaração. Se você achar
muito difícil descobrir a razão de sua existência, tenha em mente que o objetivo da sua vida, por enquanto, pode ser descobrir isso. Você pode precisar
explorar mais de si mesmo e mais do mundo antes de saber o PORQUÊ.

Quando Você Souber o Jeito Certo de Ser, Viverá Sua Verdade Todos os Dias

"Vamos falar a verdade para as pessoas. Quando as pessoas perguntarem: 'Como vai você?', tenha por vezes a coragem de responder com sinceridade. No entanto, você deve saber que as pessoas começarão a evitá-lo porque elas também têm joelhos e cabeças que doem e elas não querem saber sobre as suas dores. Mas pense desta maneira: se as pessoas o evitarem, você terá mais tempo para meditar e fazer pesquisas sobre a cura de tudo o que realmente o aflige."

— Maya Angelou, *Carta à Minha Filha*

Conforme discutido no capítulo anterior, quando você se conhece, sabe a forma certa de agir. Isso significa que, ao compreender a si mesmo, você saberá as ações certas que precisa realizar em sua vida. Suas escolhas não parecerão infinitas, e você não vai simplesmente selecionar algum curso de ação arbitrário. Em vez disso, a verdade fluirá de dentro de você.

Entenda que, no final das contas, quando descobrir quem você é, você viverá sua verdade todos os dias. Esta é uma ideia profunda. Conhecendo a si mesmo e sabendo quem você é, você será levado à sua verdade todos os dias.

Você chegará a um ponto em que, em vez de pensar muito sobre sua vida e o que está passando (se isso for algo que você tende a fazer), você simplesmente viverá. Isso significa que se alguém disser algo que o aborreça, você conseguirá passar normalmente por aquele momento de aborrecimento. Não haverá necessidade de se perguntar como se vingar ou parecer que não está incomodado ou dizer algo provocativo que causará uma tensão. Não haverá necessidade de pensar sobre isso.

Por exemplo, e se alguém dissesse: "Uau, parece que alguém comprou os sapatos na loja de 1 real" se referindo a você.

Se você sabe quem você é, isso não irá incomodá-lo. Acho que é natural, nesse caso, levar isso de uma forma despreocupada.

Você pode brincar: "Sim, é onde eu faço a maior parte das minhas compras, como você sabia?" ou "Estou economizando para uma Ferrari — todos nós temos que fazer sacrifícios para tornar esse sonho realidade."

Você não precisa ser astuto para ser você mesmo. Você poderia dizer: "Estou ocupado com o trabalho agora, mas sinta-se à vontade para falar sobre isso mais tarde durante o intervalo," agindo como se o que ela disse não tivesse importância porque, na verdade, não teve.

Quando você conhece sua verdade e o que você defende nesta vida, essas respostas virão facilmente a você. No entanto, quanto menos nos conhecemos, mais difícil é encontrar uma resposta. Se você não sabe quem é, pode levar os comentários para o lado pessoal. Talvez o que aconteceu é que você não conhece a si mesmo, então sente o peso dos comentários. Você pensa que foi definido como alguém que tem um estilo ruim ou que é pobre demais para comprar sapatos melhores, e isso dói. Infelizmente, você pode não ter uma definição de quem você é, então a definição da pessoa te incomoda e você fica com raiva.

Então você quer se vingar dela e machucá-la. Mas uma parte da verdade pessoal dessa pessoa é que derrubar pessoas com comentários sarcásticos é divertido, então ela provavelmente tem livros em casa cheios de piadas sarcásticas. No final, tentar vencê-la em seu próprio jogo não funcionará. Você se sentirá cada vez pior sobre si mesmo. A pessoa chata vence quando você não se conhece. Ela acaba de destacar que você não se conhece e o definiu porque você nunca decidiu quem você é.

Ao saber ser você mesmo, você não terá que se preocupar com pessoas assim. Situações novas e inesperadas não serão mais problemáticas. Você se conhecerá bem o suficiente para saber como lidar com a maioria das novas situações com facilidade. Você será capaz de encontrar sua voz única, verdadeira e autêntica.

Você será inabalável.

Se a sua verdade for amorosa, você responderá com amor: "Uau, você deve estar tendo um dia ruim se está preocupada com meus sapatos. De qualquer maneira, tenha um ótimo dia, amiga."

Se a sua verdade é a confiança, você responderá com segurança: "Só uso meus sapatos bonitos em ocasiões especiais, como jantares", com um sorriso e voltando ao trabalho.

Se a sua verdade é a felicidade, você responderá com alegria: "Acho que esses sapatos são um pouco velhos, mas estou feliz com o que tenho."

Quando comecei minha carreira de escritor, há muitos anos, me perguntei com que "voz" eu escreveria, como se tivesse que escolher como queria soar. Agora, eu não me preocupo com isso. Minha voz são apenas as palavras que fluem naturalmente de mim, como parte do meu eu verdadeiro. As palavras estão me encontrando tanto quanto eu as estou encontrando. Não estou preocupado em fazer minhas palavras soarem mais sérias, divertidas ou como as de um especialista. As palavras são o que são — o que importa para mim é se estou transmitindo minha verdade a você. Com sorte, minha verdade se conectará com algo mais universal com o qual todos possamos nos relacionar.

Você está recebendo minha voz única, verdadeira e autêntica. Eu sou genuíno em todas as minhas palavras, sejam faladas ou escritas.

Quando você conhece a si mesmo, sua verdade brilha não apenas em suas palavras, mas também em seus pensamentos, ações, hábitos e todos os aspectos do seu ser.

Nenhum de nós se conhece completamente, é claro. Lembre-se de que temos uma parte subconsciente de nós mesmos à qual não temos acesso. Você pode descobrir um pouco desse lado oculto de si mesmo lendo este livro, mas é incerto se podemos revelar tudo isso.

Estou em paz com as partes em mim que não conheço e entendo totalmente. Estou feliz em aprender, explorar e descobrir as coisas à medida que prossigo, como todos nós temos que fazer nesta jornada humana. A única maneira de saber tudo sobre você mesmo seria tendo todas as experiências possíveis, o que obviamente não é possível. A próxima melhor coisa que você pode fazer é ter tipos mais variados de experiências. Por exemplo, você pode experimentar diferentes passatempos, livros, esportes, jogos, estilos de conversação, palavras e visitar novos lugares. Outra coisa que pode ajudar é fazer diferentes tipos de amigos. Se seus amigos costumam ter o mesmo status socioeconômico e a mesma profissão, você pode tentar encontrar pessoas com diferentes estilos de vida.

Quando você se conhece, ganha confiança. Mas não seja presunçoso — sempre há mais para descobrir sobre você. Ao conhecer a si mesmo, você descobrirá que nem todo mundo tem esse luxo. Você conhecerá uma pessoa nova e saberá imediatamente se essa pessoa não conhece a si mesma. Não há uma maneira direta de explicar isso. Tem a ver com linguagem corporal, contato visual e até mesmo tom de voz. A maioria de nós percebe isso, mas nem sempre podemos colocar em palavras.

No entanto, conhecendo a si mesmo e captando sua verdade, você estará em uma posição melhor para ajudar os outros a seguirem a direção da verdade de cada um. Quando você descobre sua verdade pessoal, libera espaço no cérebro para prestar mais atenção às pessoas ao seu redor e vê o que elas estão passando.

Você pode perceber que uma colega de trabalho sempre parece disponível para assumir mais tarefas e nunca diz "Não". Mas se você expandir sua percepção, poderá descobrir que ela está bem além de seu limite e está à beira de um colapso. A versão da verdade dessa colega de trabalho é que se ela disser "Não", ela pode ser demitida ou considerada incompetente. Ela é insegura. E a realidade é que todos nós temos algum nível de insegurança. Ninguém é perfeito, por isso é natural nos sentirmos inseguros sobre uma área de nossas vidas na qual não nos sentimos tão realizados como gostaríamos.

Talvez você tenha sua vida planejada e tenha estabelecido barreiras e limites rígidos, e muitas vezes você diz "não". Você trabalha muito, mas não quer que sua vida seja governada pelo trabalho. Como você fala "não" para algumas solicitações, a maior parte desse trabalho acaba indo para a sua colega de trabalho, que está sobrecarregada. Nesse caso, ao entender essa verdade, você teria que avaliar se deveria trabalhar mais para tornar as coisas justas. Claro, existem outras opções — você pode conversar com seu supervisor para ajudá-lo a chegar a um acordo que possa funcionar para todos. Ou você pode ajudar sua colega de trabalho a se organizar melhor.

Depois de descobrir sua verdade, você precisará entender que tudo o que você faz ainda afeta o mundo ao seu redor. Considere que, ao viver a sua verdade, você pode estar ajudando outros a viver a deles também ou, em alguns casos, você pode ser um obstáculo para a verdade de outra pessoa. Então você terá que se perguntar se sua verdade pode coexistir com a de outras pessoas. Em alguns casos, sim e, em outros, você pode entrar em um grande conflito, e pode haver espaço para apenas uma verdade transparecer.

Reserve algum tempo para certificar-se de que suas verdades pessoais representam a verdade real. Só porque uma perspectiva faz você se sentir bem ou oferece algum benefício de curto prazo, ou porque todos ao seu redor concordam com ela, isso não significa que esteja certa. A verdade é muito mais profunda. Pergunte a si mesmo se está apenas seguindo um caminho conveniente ou a verdade real. Repeti essa mensagem ao longo do livro porque acredito que seja muito fácil de esquecer. E devemos evitar cair em velhos padrões que nos afastam de nossa verdade.

Às vezes, viver nossa verdade não é fácil. É fácil quando as coisas estão funcionando bem. Se a sociedade é um fluxo de perspectivas e seu ponto de vista flui junto com a sociedade a maior parte do tempo, então você pode viver sua verdade confortavelmente e sem muita dificuldade. Mas se a sociedade está fluindo em uma direção e sua verdade entra em conflito com isso, então viver sua verdade pode ser um desafio enquanto você nada contra a corrente da sociedade.

Se as pessoas discordam de você, você deve se perguntar se o que você acredita é importante o suficiente para gastar seu tempo e energia tentando convencer os outros. Você precisa convencê-los? Isso é importante? Ou é bom para você ter uma verdade que não corresponda necessariamente ao que a maioria das pessoas tem em mente?

Eu tenho minhas verdades pessoais e não tenho certeza se os outros sempre concordarão comigo. Tenho pensado profundamente sobre esta vida e a realidade e estou tentando compreender toda a verdade. Não acredito que a tenha, mas não estou interessado em seguir uma forma específica de pensamento. Estou apenas interessado em descobrir o que funciona para mim. Não preciso de ninguém para seguir o que penso ou acredito. Além disso, não preciso de ninguém para me liderar. No entanto, procuro nos líderes inspiração e direção enquanto descubro coisas em meu caminho.

Não acredito que meu caminho seja o certo para a maioria das pessoas. Ele pode funcionar para alguns e para outros não. Por passar tanto tempo em minha mente e pensamentos, corro o risco de considerar algumas ideias que outros já provaram estar erradas. Mas parte do meu sistema envolve questionar e reconsiderar para definir e refinar o que é a verdade.

O que descobri é que a Verdade é um processo e uma jornada, não um destino.

No final das contas, a realidade é complexa. Há verdade e falsidade em volta de tudo. Imagine se eu lhe contasse uma história, qualquer história. Então essa história é verdadeira porque é a maneira como a vivi. Ainda assim, ela é falsa porque falha em levar em consideração as perspectivas de todas as outras pessoas que podem ter estado envolvidas na história. Você já ouviu uma história de uma perspectiva e concordou com o ponto de vista dessa pessoa? Então ouviu o lado de outra pessoa na história, e isso o fez reconsiderar tudo o que tinha ouvido inicialmente? É a isso que estou me referindo. Em última análise, acredito que há alguma verdade e alguma falsidade em tudo.

Nosso objetivo ao buscar nossa verdade é descobrir o quanto do que acontece em sua vida é verdadeiro ou falso. Se você está aprendendo algo, o quanto isso é verdadeiro e o quanto é falso? E se alguém lhe contar uma história?

E aqui está um desafio. Quando se trata de seus pensamentos preciosos, quais são válidos e quais não são?

Quando você descobrir isso, viverá sua verdade todos os dias por meio de suas ações.

Você será a expressão viva da sua verdade.

PERGUNTAS-CHAVE

(Quando Você Souber o Jeito Certo de Ser,
Viverá Sua Verdade Todos os Dias)

1. Qual é uma verdade profunda que guia sua vida? É o amor, felicidade, conhecimento, disciplina, uma habilidade em particular ou talento? O que é expresso em cada respiração que você dá?

2. Você experimentou uma gama de atividades ampla o suficiente para se conhecer? Você já experimentou vários hobbies, esportes, livros, filmes, locais, amizades e assim por diante? Você precisou dessa ampla gama de experiências para encontrar sua verdade ou foi capaz de se decidir com mais facilidade?

3. O que é algo importante para você, mas que você não tem certeza se é totalmente válido? Talvez você desejasse que isso fosse verdade e tenta torná-lo realidade em sua vida, mas, no fundo, você acha que pode haver alguma falsidade na ideia.

4. Você sente que precisa pensar muito para saber o que dizer, em que tom e tentar controlar a forma como as outras pessoas o veem? Ou você é capaz de deixar a verdade fluir de você sem precisar pensar muito sobre isso?

5. Qual é uma verdade pela qual vale a pena discutir, ou talvez até lutar? E qual não vale a pena?

TOME UMA ATITUDE HOJE

(Quando Você Souber o Jeito Certo de Ser,
Viverá Sua Verdade Todos os Dias)

Ação: **Hoje, almeje viver seu eu autêntico por meio de todas as suas ações.** Se a sua verdade é a gentileza, comprometa-se a ser gentil em tudo o que fizer. Se a sua verdade é dar o seu melhor, comprometa-se com isso. Se a sua verdade é empatia e compreensão humana, então vá além para ter certeza de que compreende profundamente as pessoas ao seu redor. Para qualquer verdade pessoal que você tenha em sua vida, comprometa-se com ela hoje, de uma forma que talvez você nunca tenha feito.

Como isso pode parecer uma tarefa hercúlea, escolha uma Verdade e comece por aí.

Motivo: Frequentemente, temos a ideia de que somos bondosos, verdadeiros ou trabalhadores. Mas quando um obstáculo se apresenta, podemos desistir facilmente e recuar, deixando de lado nossa verdade ou nossos princípios. Em vez disso, temos que enfrentar os desafios de nossas vidas e nos comprometermos a viver nossa verdade por meio de cada ação que fizermos. É assim que alcançamos níveis mais elevados de verdade em nossas vidas. Muitos de nós tendemos a mentir para nós mesmos, pensando que somos o tipo de pessoa que vive de acordo com um determinado valor ou princípio. Ainda assim, quando nos deparamos com os desafios da vida cotidiana, podemos esquecê-los e tomar o caminho mais fácil. Em vez disso, **eu o desafio a viver sua verdade com cada respiração, ação e passo que você der.**

Dica: Pratique ser mais consciente em suas ações e mais objetivo em como você se vê. É fácil dar desculpas e pegar leve consigo mesmo, mas tente ver as coisas da perspectiva de outra pessoa. Talvez você tenha sido gentil, mas poderia ter feito mais? Talvez você tenha tentado defender alguém, mas deveria ter sido mais firme? Ou talvez você tenha trabalhado duro em algum objetivo, mas no final desistiu quando se cansou de trabalhar nele. Muitas pessoas dizem as coisas certas. Todas elas dizem coisas que parecem razoáveis e úteis, mas quando examinamos as ações do dia a dia de uma pessoa, muitas vezes ela não está seguindo suas próprias palavras. É muito mais desafiador *viver* de acordo com seus pensamentos e palavras do que produzir aquelas que *soam* bem.

Encontre Sua Verdade Pessoal no Universo de Todas as Verdades Possíveis

"Se alguém for capaz de me mostrar que o que penso ou faço não é certo, terei muito prazer em mudar, pois procuro a verdade, pela qual ninguém nunca foi verdadeiramente prejudicado. É a pessoa que continua em seu autoengano e ignorância que é prejudicada."

— Marco Aurélio, *Meditações*

Eu vejo o universo como um ser vivo e orgânico. Ele está nos guiando na direção da nossa verdade todos os dias. De certa forma, os seres humanos são simplesmente teimosos e somos capazes de nos mover pelos falsos caminhos repetidamente, apesar de o universo nos guiar gentilmente em direção à verdade.

Para mim, o Universo e a Verdade são a mesma coisa. Processamos o mundo e o universo de muitas maneiras diferentes — temos sentidos que nos ajudam a obter informações, ter emoções, intuição e lógica. Podemos nos submeter aos líderes e organizações respeitadas ou, em alguns casos, podemos observar a natureza para aprender. Existem tantas maneiras de processar o mundo, mas nenhuma delas nos apresenta toda a verdade.

Muitas pessoas que ficam cheias de raiva e fúria fazem isso porque acabaram de encontrar uma verdade, sua perspectiva, e de alguma forma se esqueceram de que existem outras maneiras de ser.

Pense na palavra "infanticídio". Isso significa matar uma criança. Só de pensar nisso você fica horrorizado, e você pode pensar que essa ideia nem deveria existir. É horrível, certo?

Considere que, nas sociedades da Idade da Pedra, isso era visto como uma responsabilidade para ajudar a administrar a população e garantir que cada pessoa em uma tribo pudesse ser devidamente cuidada. Os recursos eram limitados e eles consideravam o infanticídio necessário para um bem maior. Na sociedade moderna, não há necessidade disso. Portanto, pensamos que isso é equivocado e, essencialmente, é considerado assassinato. Mas tenha em mente que só porque é difícil para nós entendermos essa perspectiva, isso não nos torna certos e eles errados.

A questão aqui é que existem muitas maneiras diferentes de perceber o mesmo fato — e é assim que alguns de nós desenvolvemos verdades que entram em conflito com os demais.

Em última análise, os valores que possuímos são atribuídos por nós em função da perspectiva humana. Tudo que é importante para nós é definido dessa forma simplesmente porque os humanos vivem em sociedades humanas com necessidades e desejos humanos. Isso tudo é apenas assumido.

Se alguém nas ruas me perguntasse qual é o meu trabalho, eu nunca responderia:

"Um trabalho? Por que vocês, humanos, acham necessário realizar tarefas arbitrárias para ganhar papel com a cara de presidentes mortos que permitem que vocês adquiram objetos de pouca utilidade?"

De alguma forma, esse tipo de resposta parece vir de um alienígena, de alguém que não se conecta com a realidade que todo ser humano vive. A maioria de nós espera não realizar "tarefas arbitrárias", mas, em vez disso, procurar uma maneira de ajudar outros humanos com algo que eles precisam ou desejam. O "papel com a cara de presidentes mortos" é um dinheiro bastante útil. E, claro, muitos de nós gostariam de adquirir não apenas "objetos de pouca utilidade", mas, com sorte, coisas que nos ajudem a vestir, abrigar e divertir.

No entanto, da perspectiva do alienígena, ele está correto em achar todos os nossos hábitos tolos. Para um ser alienígena imaginário, nada do que os humanos fazem faz sentido. Uma forma de vida alienígena conterá verdades diferentes das de nós, humanos.

É fácil esquecer que todos trabalhamos de uma perspectiva humana, porque interagimos principalmente com humanos. Só podemos falar com outros humanos. Outros animais conscientes não podem discutir seus pontos de vista conosco. Portanto, tendemos a esquecê-los, ou pelo menos a desconsiderá-los.

Para os humanos, a perspectiva humana é o que importa. Nós escolhemos o que valorizamos e decidimos quais são nossas verdades.

Escolher nossas verdades pode ser desafiador porque as realidades potenciais que existem são praticamente infinitas. E cabe a nós avaliá-las, distinguir quais são mais objetivas e precisas, e dignas de nosso tempo e atenção. Como afirma o título deste capítulo, gostaria que você encontrasse sua verdade no universo de todas as verdades possíveis.

Eu acredito que o universo é verdadeiro por padrão. Tudo o que o universo abrange é uma forma de verdade. Do ponto de vista do universo, falsidade seria qualquer coisa que não existe dentro do universo conhecido. Pode ser estranho pensar nisso, mas pense comigo.

Você pode acreditar, é claro, que existe falsidade no universo. Mas pense nisso de outra maneira. Se meu amigo Roberto me disser "7 + 2 = 11", direi que está errado e ele deve recalcular isso. No entanto, em outro sentido teórico, "7 + 2 = 11" é verdadeiro porque o pensamento foi criado no universo. É verdade no sentido de que a ideia existe na mente de Roberto. Uma pessoa, em algum lugar, formou o pensamento, tornando-o sua verdade única.

Digamos que os pais de Roberto lhe ensinaram que 7 + 2 = 11 quando ele era criança. Todos os dias, Roberto era questionado em sua matemática e estava em sincronia com a matemática que você e eu conhecemos. Mas, por alguma razão, os pais de Roberto enfatizaram que 7 + 2 = 11. Quando Roberto acreditou nessa equação, eles o parabenizaram por ter acertado essa pergunta difícil.

Mais tarde, quando Roberto foi para a escola, seus professores tentaram ensiná-lo que, na verdade, 7 + 2 = 9. Mas de alguma forma, Robert era teimoso e se convenceu de que estava certo em acreditar que 7 + 2 = 11, embora seus professores e outros alunos parecessem certos de que isso estava errado.

Finalmente, quando Roberto ficou mais velho e entrou no ensino médio, ele percebeu a tolice de seus modos. Para fazer matemática, ele precisava concordar com as pessoas ao seu redor em certas ideias. E um dia, ele percebeu que em sua mente, 7 + 2 = 11 ainda estava correto, mas para se comunicar efetivamente com os outros, ele pensaria em "11" como um 9 naquele caso específico. Tendo aprendido 7 + 2 = 11 desde muito jovem, Roberto visualizou o "11" como o que a maioria de nós chama de 9. Ele o imaginou corretamente, mas apenas chamou o número por um nome diferente.

De certa forma, Roberto estava certo o tempo todo; 7 + 2 = 11 estava certo para ele, em seu mundo, em sua mente, por suas definições de números (que podiam mudar dependendo do cálculo).

Para mim, a verdade é uma forma de existência. Tudo o que acontece, ou é pensado, é verdade, pelo menos do ponto de vista de uma pessoa em particular.

Depende de nós buscar nossa verdade interior de uma forma pessoal e espiritual, procurando aquelas que mais importam para nós. O universo está nos mostrando todas as verdades possíveis todos os dias. Posso encontrar alguém que acredite em qualquer coisa se olhar bem o suficiente. Portanto, todas essas formas possíveis de *ser* existem no universo. Isso não faz com que todos sejam verdadeiros, no sentido absoluto e universal.

Mas, uma vez que ninguém pode atingir a verdade absoluta e universal sobre nada, o que realmente importa nesta vida limitada é sua verdade pessoal.

Como você sabe o que é verdade para você? Isso fará sentido para você com todas as suas habilidades sensoriais e intelectuais. Ela irá corresponder a todas as suas experiências anteriores. Você será puxado em direção à sua verdade como se houvesse um ímã apontando nessa direção.

Em algum lugar em outra parte do universo, para um alienígena, tudo sobre você é falso. Em seu planeta, eles não respiram oxigênio. Eles não se comunicam por meio de palavras e não compartilham nossas crenças éticas. Para seu povo, não existimos porque eles nunca nos viram. E para nós, eles não existem porque nunca os vimos. Somos falsos uns com os outros porque nunca experimentamos um ao outro.

A verdade é o que está lá.

Falsidade é o que não é.

O que você deseja atrair mais? O que você valoriza ou deseja valorizar mais? O que importa? Quem é importante? O que te faz sentir vivo? Com que tipo de pessoas, lugares ou coisas você se conecta naturalmente? Tudo isso é o universo apontando para sua verdade.

Encontre sua verdade, seu Tao, seu caminho e persiga-o.

No entanto, nunca se esqueça de que sua verdade não se alinha com a perspectiva de todos. Se você nunca se sentiu sozinho, isso não significa que a solidão não exista no universo. Significa apenas que não existe para você em seu universo. Significa que você lutará para se relacionar com a verdade da solidão.

Com o que você se relaciona ou não se relaciona?

E quanto às pessoas ricas ou pobres, engraçadas ou sérias, deficientes ou habilitadas, emocionais ou estáveis, racionais ou irracionais, rudes ou educadas, intelectuais ou sem educação formal, trabalhadoras ou preguiçosas, amantes da natureza ou caseiras, amigáveis ou antagônicas, e assim por diante.

No final, acho que somos como espelhos, procurando por nós mesmos no universo. Quando eu era criança, sentia que a minha personificação no universo era um piloto de corrida. Tudo o que eu sempre quis fazer era dirigir e correr. Viver no limite parecia ser muito divertido. Como eu não conseguia dirigir, isso significava que me sentia atraído por jogos de videogame que envolviam direção e corrida.

Quando eu tinha idade suficiente para dirigir, estava satisfeito em dirigir um carro normal e não sentia necessidade de correr. Eu sabia que competir em um jogo e competir na vida real não seria a mesma coisa.

Agora, gosto de pensar, aprender e melhorar a mim mesmo e ajudar os outros a fazerem o mesmo. Essa verdade se expressa na minha escrita e em tudo o que faço na minha vida. Eu acredito que tenho procurado no universo por pessoas como eu. Encontrei ou atraí alguns amigos que têm processos de pensamento semelhantes aos meus. Quero ser desafiado a pensar em novas direções. Por isso, sempre encontro e atraio amigos que pensam o mesmo e que às vezes estão dispostos a discordar amigavelmente, desde que isso ajude a todos nós a crescer intelectual ou espiritualmente.

Claro, devemos lembrar que só porque nos cercamos de pessoas que pensam de uma determinada maneira, não significa que estamos certos e todos os outros estão errados. Tudo o que significa é que encontramos nossa verdade.

Já que falamos do Universo, acho que ajuda considerar quando você encontrou uma verdade universal. As verdades universais são tipicamente a verdade real.

As leis do movimento de Isaac Newton eram tão poderosas porque expressavam verdades sobre o próprio universo. Para os nossos propósitos de vida prática, uma verdade universal nem sempre tem que ser aplicada em 100% dos casos. Poucos fatos se aplicam a esse nível.

Não podemos acessar verdades universais na maioria das vezes. O que podemos acessar são verdades pessoais. Essas são as verdades que funcionam para nós. O que acreditamos serem verdades universais muitas vezes são uma ilusão e acabam tendo inúmeras exceções quando você olha de perto o suficiente.

Este é um exemplo de uma verdade que pode parecer universal: *você nunca deve mentir.*

Na realidade, não é universal porque muitas pessoas acreditam que mentir é aceitável em alguns casos. Talvez você minta para evitar que os sentimentos de alguém sejam magoados, por exemplo.

Em sua vida, você consegue pensar em alguma verdade pessoal? Vou escrever algumas aqui apenas como exemplos para dar uma ideia do que pode funcionar para você. Talvez algumas delas sejam verdadeiras para você e outras não:

- Eu deveria ir embora se alguém me insultar porque, no passado, eu me arrependi de entrar em discussões mesquinhas
- Devo focar quem amo e colocar minha energia nisso, em vez das pessoas de quem não gosto
- Minha família sempre estará lá para mim, não importa o que acontecer
- Sempre há uma maneira de fazer progresso — a esperança nunca está perdida

- Pessoas que só conseguem ver o lado negativo das coisas só precisam de mais positividade em suas vidas para ajudar a mudar sua perspectiva
- Devo sempre saber por que estou fazendo algo — dessa forma, se cometer um erro, posso justificar como minhas ações pareciam razoáveis no momento
- O que importa para mim é ser capaz de criar arte — não importa o que aconteça, sempre quero reservar um tempo na minha vida para isso

Quais são as suas verdades? Pense em todas as experiências que você já teve. Quais se destacam para você? Quais são alguns dos destaques da sua vida? Quais são algumas das grandes lições que você aprendeu com suas experiências? Que verdades transparecem como resultado dessas experiências?

Considere diferentes tópicos. Quais são as suas verdades sobre família, amigos, trabalho, ética, valores, emoções, amor, saúde, sucesso, responsabilidade, felicidade, paz e compreensão?

Só porque usei tanto a palavra "verdade" neste livro — já que, é claro, esse é o tópico em questão — não significa que interpretei o significado levianamente. Uma verdade pessoal é a verdade mais crítica porque é a verdade para você em sua vida. Você pode usá-la como uma luz guia para guiá-lo, porque sabe que é verdadeira com cada fibra do seu ser. Como já afirmei, você sabe que é verdade logicamente, intuitivamente, com base na experiência, com base no que amigos e familiares acreditam e com base em suas leituras.

Quando o universo está apontando para uma verdade específica, você deve ouvi-la.

Essas verdades não precisam ser as declarações mais profundas de todas — elas são importantes apenas pelo fato de serem suas verdades.

A verdade pode ser poderosa porque quando você acredita em algo, você tende a criar isso como sua realidade. Compreenda que existe uma grande responsabilidade em suas crenças e verdades. Eles moldam a realidade ao nosso redor.

Porque nossas verdades são uma grande responsabilidade, pretendo manter as coisas positivas com tudo o que foco na vida. Percorremos os caminhos errados quando permitimos que nossas verdades sejam pautadas na negatividade — ódio, medo, falta de sentido, dor e assim por diante. A negatividade é uma realidade da vida, mas não devemos permitir que tais verdades nos governem.

Não quero ser muito severo aqui, mas talvez você tenha perdido um ente querido em algum momento da sua vida. Pode ter sido alguém muito próximo a você. Se isso não aconteceu, considere como essa experiência pode impactar você.

Esse pensamento pode passar pela mente de uma pessoa passando por esse tipo de situação: "Não consigo acreditar que isso aconteceu comigo. Não tenho certeza se posso continuar vivendo como antes. Não tenho certeza se a vida vale mais a pena."

Permitir que esses pensamentos ecoem em sua mente todos os dias faria deles sua verdade, sua realidade. Este seria o seu "7 + 2 = 11". Para você, esses pensamentos negativos poderiam se tornar sua realidade. Eles poderiam ficar gravados em sua mente se você se convencesse de que fossem verdadeiros.

Quanto mais tempo esses pensamentos ficam presos em sua mente, mais você teme acordar de manhã, viver sua vida cotidiana, continuar com seus objetivos e ajudar seus entes queridos.

E, é claro, pode ser natural ser sugado por isso durante um período de luto. Mas, afinal, devemos reavaliar essa perspectiva e substituí-la por uma verdade mais positiva e útil.

Talvez você possa pensar: "Perdi uma pessoa querida para mim e nunca devo esquecer a época em que nos amamos. Tenho que me lembrar do espírito positivo da pessoa que nos deixou e tentar passar isso para a minha vida e ações. Essa pessoa que não está mais fisicamente aqui pode viver através de mim, todos os dias."

Nossas verdades fornecem significado. Esse significado nos dá energia para a ação e nos ajuda a manter um espírito positivo. Mas se você encontrar aquelas que não lhe dão sentido, que não são acionáveis, não são positivas e nem produtivas, essas verdades não o ajudarão. Essas perspectivas são repletas de falsidades e você precisa se livrar delas, libertá-las de sua mente, de sua vida e de seu espírito.

Quando você tem um pensamento, é verdade no sentido de que já aconteceu no universo. Ele existe e, portanto, contém alguma verdade. No entanto, quando tenho um pensamento que não seja útil ou positivo, ou produtivo de alguma forma, lembro a mim mesmo de que esse pensamento não é necessariamente verdadeiro. Não preciso dar a ele o poder da verdade.

Os pensamentos são apenas uma forma elementar de verdade. Temos que decidir se transformamos nossos pensamentos em ação. Se um pensamento não o está ajudando, prepare-se para abandoná-lo e substituí-lo pelas verdades que o ajudarão.

Como você aprendeu, podemos selecionar algumas de nossas verdades. Estas são verdades pessoais. Mas não entenda que isso significa que você pode inventar tudo em que quiser acreditar. Devemos também considerar a realidade e o que está acontecendo ao nosso redor.

Considere tudo isso, mas não se esqueça da sua imaginação. Pense sobre o que existe no universo e o que seus sentidos estão lhe dizendo. Tenha isso em mente. Mas você também pode tentar imaginar uma verdade ainda melhor para si mesmo.

Talvez todos em sua vida estejam presos e caminhando para o desastre. E talvez tentem convencê-lo de que o mesmo se aplica a você, que você será um perdedor, não importa o que faça. Esses pensamentos e palavras deles são como uma maldição que estão tentando lançar sobre você. Se eles puderem convencê-lo, isso se tornará sua verdade e você estará destinado ao desastre. A miséria adora companhia, então talvez eles só queiram que você se junte a eles.

Para se erguer e se tornar maior do que as pessoas ao seu redor, você teria que entender que a verdade pessoal das pessoas ao seu redor, a ideia de que você está destinado ao fracasso, é falsa.

Mas considerá-la falsa não basta. É um desafio ter um pensamento em sua mente e rotulá-lo como falso. Isso equivale a pedir que você evite pensar em *elefantes cor-de-rosa*. É difícil de fazer.

Em vez disso, é melhor substituir essas declarações falsas em sua vida. Substitua-as por suas verdades.

E está tudo bem se suas verdades estiverem erradas ou se não forem 100% precisas. Somos todos humanos.

Lembre-se de que há verdade e falsidade em cada afirmação. Minha mente foi construída de alguma forma para ver a verdade. Por causa disso, também vejo falsidade. Assim que alguém faz uma declaração, vejo imediatamente a falsidade nela.

Por exemplo, sempre que ouço uma declaração que começa com "todos" ou "nunca," sei imediatamente que essas declarações são apenas parcialmente factuais. Frequentemente, essas palavras são usadas para exagerar, pois não podem ser interpretadas literalmente.

Como um exemplo típico, alguém pode dizer: "Você nunca cumpre suas promessas," provavelmente com raiva. Ainda assim, a maioria de nós cumpre nossas promessas pelo menos parte do tempo, tornando a afirmação improvável de ser verdadeira.

Como outro exemplo de ver a falsidade em declarações simples, minha amiga Ana às vezes diz: "Eu amo azeitonas."

A falsidade aqui é que Ana só gosta de azeitonas verdes. Além disso, ela só quer as mais caprichadas e caras e quando estiverem bem temperadas. E, claro, elas devem vir com os caroços removidos. E ela só gosta de comer uma ou duas porções, para não estragar o apetite.

Então você me diz, Ana realmente "ama azeitonas?"

Dizer algo que é 100% verdadeiro pode ser um verdadeiro desafio. Isso ocorre porque existem limitações para praticamente qualquer declaração que alguém possa fazer.

Se você está se perguntando, guardo a maioria desses pensamentos para mim à medida que vão surgindo ao longo do dia. Eu faço o que posso para manter meus amigos, então não incomodaria Amy com todas as minhas especulações sobre se ela realmente "ama azeitonas" ou não.

Enxergar as limitações de cada declaração ou verdade potencial apenas atrapalharia seu dia. Isso nos faz perder a confiança, como você pode pensar: *O que eu sei se não posso nem dizer "Eu amo azeitonas" sem duvidar de mim mesmo?*

Isso está longe de ser a mensagem que eu quero que você siga.

A dúvida é poderosa e útil, mas não há razão para duvidar em muitos aspectos da vida. Se você ama algo ou alguém, provavelmente sabe disso com convicção, e não adianta questionar muito. Se você tem um grande objetivo que passou anos tentando alcançar e quase o conseguiu, não há muita necessidade de duvidar de suas motivações. Apenas termine o que você começou.

Quando você está inseguro sobre algo e isso pode ter um impacto significativo em sua vida, talvez você deva duvidar e se esforçar para descobrir sua verdade. Mas para encontrar essa verdade, você tem que ver a falsidade por tudo que ela é, tentando desviá-lo do caminho.

Apenas considere que talvez essa "falsidade" seja parte de um universo de verdades, e você tem que encontrar sua verdade pessoal.

PERGUNTAS-CHAVE

(Encontre Sua Verdade Pessoal no Universo
de Todas as Verdades Possíveis)

1. Existe algo verdadeiro para você, mas que não parece ser verdadeiro para a maioria das outras pessoas?

2. Você já sentiu fortemente que estava sendo guiado em uma determinada direção por sua verdade interior, mas foi contra isso? Como você se sentiu e o que aconteceu?

3. Alguma verdade em sua vida está trabalhando contra você? Talvez uma verdade seja muito negativa, pouco prática ou atraia muitos problemas. O que você pode fazer em relação a isso?

4. Se a sua verdade pessoal é, em última análise, apenas a sua perspectiva, você está disposto a reconhecer e aceitar que outras pessoas no mundo terão verdades próprias conflitantes com as suas?

5. Existem algumas verdades que são tão poderosas para você que está convencido de que devem ser universalmente verdadeiras para todos os humanos ou para todo o universo?

TOME UMA ATITUDE HOJE

(Encontre Sua Verdade Pessoal no Universo
de Todas as Verdades Possíveis)

Ação: **Hoje, procure um objeto que represente o que sua verdade costumava ser. Em seguida, procure um que represente sua verdade atual. E também, procure um que represente a sua verdade futura.** Podem ser objetos que você possui atualmente ou que viu recentemente em algum lugar.

Você não precisa ter esses objetos em sua posse, mas apenas mantê-los em mente. Onde estava sua verdade? Onde está agora? Para onde vai no futuro? Considerar diferentes objetos pode ajudá-lo a perceber qualquer mudança com mais clareza.

Outra maneira de pensar nisso é se concentrar em seus valores, prioridades ou pessoas importantes. Então, considere quais eram seus valores há cinco anos, quais são hoje e o que você acha que serão nos próximos cinco anos. Você consegue visualizar essas transformações em sua vida com mais clareza quando se concentra em algo tangível?

Motivo: o universo é vasto em todas as verdades que contém, por isso pode ajudar a pensar na verdade da sua vida como um caminho. Quando você se vir não como um ser estático, mas como um ser dinâmico que pode crescer e evoluir, você estará em uma posição melhor para capturar sua verdade.

Dica: Se você precisar de mais ideias para objetos, pode procurar online em sites que contêm muitas imagens de objetos. Considere o Imagens do Google, por exemplo. Caso contrário, você pode simplesmente ser observador e prestar atenção a todas as coisas ao seu redor em um dia normal. Talvez um deles o inspire. Não se limite a pensar pequeno. A Estátua da Liberdade é um objeto. E para nossos propósitos, o mar e o sol também.

Explore a Falsidade Dentro e Além de Você Para se Livrar Dela

> "É sempre o falso que te faz sofrer, os falsos desejos e medos, os falsos valores e ideias, as falsas relações entre as pessoas. Abandone o falso e você estará livre da dor; a verdade lhe torna feliz, a verdade liberta."
>
> — Sri Nisargadatta Maharaj

Primeiramente, o que é falsidade? Você chegou até aqui em um livro sobre como encontrar sua verdade pessoal. Mas agora, temos que nos perguntar, o que é uma não verdade? O que é falsidade?

A falsidade é simplesmente qualquer coisa que o afaste de si mesmo. É qualquer coisa que o torne menos de você mesmo. Aquilo que não sincroniza com suas emoções, sentimentos, intuição, lógica, educação e perspectiva pessoal, pode potencialmente introduzir falsidade em sua vida.

Não podemos decidir imediatamente que, só porque algo é novo e diferente do que estamos acostumados, deve ser falso. Mas devemos tentar compreender cada parte de nós mesmos. Quando nos conhecemos totalmente, então o que é verdadeiro e falso para nós ficará claro.

A verdade é como as coisas devem ser, pelo menos para você em sua vida. Falsidade é todo o resto. Quando você se conhecer profundamente, desenvolverá um senso imediato, um fluxo para o que é verdadeiro para você e o que não é.

Sou hipersensível ao engano e, por isso, é natural para mim avançar em direção à minha verdade todos os dias. Quando detecto algum tipo de engano em alguém, isso me mostra que aqui está um caminho que leva à falsidade. Sempre que ignorei um sinal de engano e decidi seguir em frente, desenvolvendo uma amizade ou buscando um negócio, acabei me arrependendo. Um ato que contradiz a verdade tende a levar a outro e a outro.

Por exemplo, algumas pessoas podem exagerar suas capacidades. Outros podem tentar convencê-lo demais de algo, até mesmo estarem dispostos a mentir para você para tentar fazer com que você aja de determinada maneira ou compre algo. Às vezes, as pessoas fingem gostar de você na sua cara e depois espalham boatos ou falam sobre você pelas costas. Quando vejo um engano flagrante, tenho em mente que esse é um caminho que vai me afastar da verdade.

Suponha que eu me conecte com um indivíduo enganador. Nesse caso, vou acabar fingindo gostar dessa pessoa que está fingindo gostar de mim, e terei feito um pacto de falsidade. Ou suponha que eu compre um item sobre o qual o vendedor esteja fazendo afirmações exageradas. Nesse caso, estarei apoiando essas pessoas, financiando-as para que possam mentir para mais e mais pessoas e receber seu dinheiro indevidamente. Da mesma forma, se eu fizer amizade com alguém que frequentemente mente, posso acabar mentindo para ele e outras pessoas, pois o hábito se torna fácil de desenvolver.

Dar um passo na falsidade apenas tende a levar a muitos, muitos mais, até que sejamos sugados para uma vida de falsidade.

Prefiro evitar esses caminhos que me levarão mais fundo na falsidade. Em vez disso, identifico a falsidade e a removo da minha vida.

E você? Você já pensou na falsidade dentro de você? Ou na falsidade em sua vida?

Devemos aprender a explorar a falsidade dentro de nós. Nossas mentes tendem a criar falsas perspectivas naturalmente. Temos tanta certeza de que entendemos, mas tendemos a entender tão pouco. Novos conhecimentos e pesquisas sempre revelam que as coisas que pensávamos serem verdadeiras eram na verdade falsas. Talvez elas estivessem apenas 1% erradas e uma pequena correção fosse necessária. Em outros casos, talvez fossem 99% falsas, e precisávamos jogar fora nossos velhos processos de pensamento e mudar completamente nosso entendimento.

Quando eu era adolescente, alguns colegas rebeldes gostavam de encontrar uma única exceção à regra e, em seguida, enfrentar o professor. Então, eles diziam: "Veja, o que você me ensinou é um disparate. Não funciona para mim." Frequentemente, esses adolescentes simplesmente careciam de experiência e perspectiva. Eles presumiram que, se tentassem algo uma vez e falhassem, isso provaria que a ideia estava errada. Talvez a afirmação que o professor fez fosse 90% verdadeira, o que significa que se aplicaria perfeitamente bem em 90% dos casos e não tão bem no resto do tempo. No entanto, uma única exceção não prova necessariamente que uma ideia está errada.

Na verdade, o que importa é o nosso padrão de experiência. Essas experiências constituem nossa impressão digital de estar neste mundo. As coisas que estão mais perto de 100% verdadeiras são aquelas sobre as quais temos mais certeza. Por exemplo, talvez você tenha algumas características de personalidade estáveis.

Vamos considerar a personalidade mais profundamente, pois claramente esta é uma parte significativa do que nos torna quem somos e o que envolve nossa verdade.

Os 5 grandes traços de personalidade que os psicólogos identificaram são:

Abertura a experiências — até que ponto você está aberto a novas experiências?

Conscienciosidade — Até que ponto você é organizado e trabalhador?

Extroversão — O quanto você prefere estar perto de outras pessoas?

Agradabilidade — Até que ponto você tende a confiar e ajudar os outros?

Neuroticismo — Quão propenso à ansiedade e a se sentir emocionalmente instável você é?

Esses traços de personalidade tendem a ser estáveis ao longo da vida. Os traços parecem pertencer a uma escala em que algumas pessoas são mais ou menos abertas e mais ou menos conscienciosas. Muitas pessoas também ficarão no meio da escala. Por exemplo, nem todo mundo é totalmente extrovertido ou introvertido. Elas podem ser ligeiramente introvertidas, ligeiramente extrovertidas ou bem no meio.

Como resultado da vida que vivemos, podemos passar por uma ampla gama de experiências humanas — momentos que envolvem tristeza, felicidade, amor e provações e tribulações. No entanto, nossas personalidades ou não mudam muito, ou podem mudar gradualmente.

Como exemplo de como alguém pode mudar de personalidade, quando eu era mais jovem era muito menos aberto e mais introvertido. Com o tempo, passei a ser mais aberto e menos introvertido. Tenho certeza de que ainda sou introvertido, mas estou muito mais disposto e interessado em me socializar com novas pessoas do que quando era mais jovem. Talvez isso seja comum, já que conheci muitas outras pessoas que experimentaram uma mudança em direção à extroversão ao longo de suas vidas.

Mesmo que eu esteja mudando, não acredito que tenha me tornado uma pessoa diferente. Na verdade, posso ter acabado de voltar a ser quem eu era. Às vezes me pergunto se nascemos com um determinado tipo de espírito ou, pelo menos, o desenvolvemos desde a tenra idade. E então, ao longo do caminho, de alguma forma, esquecemos quem realmente somos. Então, temos que trabalhar para encontrar nosso verdadeiro eu mais uma vez. Esse é o desafio de nossas vidas.

Às vezes penso: *O que eu, aos 10 anos, pensaria da minha vida agora? Ou eu de 20 anos? Eles pensariam que fiz boas escolhas para chegar onde estou hoje? Ou ficariam desapontados? O que eu pensaria com 65 anos?*

Por que me preocupo com o que o meu "eu" de 10 anos pensa? Suspeito que seja porque, aos 10 anos, eu sabia poucas coisas, mas o que sabia, tinha certeza de que era verdade.

Aos 20 anos, eu tinha aprendido muito em comparação com quando era criança, mas muito do que eu sabia talvez estivesse errado, e eu posso ter me desviado da minha verdade.

Não tenho certeza se alguma vez me perdi ou estava no caminho de me perder. Na realidade, cada passo que damos é apenas uma parte da jornada em direção à nossa verdade.

Ao perder o seu Tao ou o seu caminho, você naturalmente precisará encontrar o caminho de volta à sua verdade pessoal. Então, ao se perder, você se encontra.

Eu também às vezes penso em meu "eu" de 65 anos porque imagino que essa pode ser uma versão de mim que descobriu o máximo que eu poderei descobrir. O ano será 2050. Esta versão de mim saberá mais sobre quem eu sou como pessoa, porque presumo que terei sido testado mais profundamente nessa idade. Terei sofrido perdas, dor e talvez arrependimento, lesão ou doença. Espero que os pontos positivos superem os negativos, é claro, mas qualquer vida terá sua cota de dificuldades.

Aos 65 anos, terei captado muito mais da verdade e alcançado uma compreensão mais profunda da vida do que fui capaz aos 35 anos.

Um ano atrás, decidi entrar em um estado meditativo e me comunicar com a versão de 65 anos de mim mesmo. Sim, você pode ler essa frase mais uma vez para entender o que eu disse.

Eu entrei em um estado meditativo. Então, pedi a sabedoria mais valiosa que meu "eu" de 65 anos poderia conceder a mim. Ele me disse: "Não busque respostas em mim. Você quer acreditar que existem soluções fáceis, simples e mágicas como qualquer outra pessoa. Esta é a falha que muitas pessoas cometem. Na realidade, o aprendizado é difícil, lento e se dá por meio de lições de vida difíceis. Não tenha medo de viver essas duras lições por si mesmo. Aprenda vivendo."

Aceite essa sabedoria da maneira que for mais conveniente para você. Achei muito esclarecedor, assim como foi verdade para mim.

Infelizmente, a falsidade em nossas vidas humanas não irá embora. Em vez disso, sinto que suas forças estão crescendo e a verdade está em segundo plano em nossas vidas.

Existe falsidade todos os dias, em todos os lugares para onde vamos. Frequentemente, ouço pessoas dizerem que você deve ser de certa maneira. Para mim, isso é falsidade. Devemos educar alguém sobre boas maneiras, responsabilidade e sucesso, sem dizer que você tem que agir de determinada maneira ou executar um conjunto específico de ações para atingir seus objetivos.

Talvez para as crianças na escola, os professores precisem criar tantas regras para manter a ordem. No entanto, fazemos e seguimos tantas regras para tantas situações da vida diária que pode não haver muito espaço para respirar e sermos nós mesmos. Ultimamente, tenho descoberto que prefiro esquecer as regras, pelo menos às vezes. Por regras, não estou falando sobre leis essenciais da sociedade. Em vez disso, refiro-me a regras não escritas, como precisar dar uma gorjeta específica, responder a uma saudação de determinada maneira ou ser educado quando os outros esperam que você seja.

Por exemplo, uma vez vi um homem em um restaurante reprimir a namorada por usar o garfo de forma errada, depois por mastigar com a boca aberta e depois por não usar o guardanapo da maneira certa. No início, achei que ele estava certo, pois é importante termos alguns princípios de polidez e ordem em todos os lugares que vamos. E então eu me perguntei: por que deveríamos nos sentir forçados a seguir as regras sociais que nos despojam de nossa personalidade e de nosso eu e nos transformam em coisas iguais aos demais? No final, achei que ele poderia mencionar suas preocupações a ela, e tudo bem. Mas por ser tão abertamente crítico, parecia que ele a estava envergonhando para seguir seus pontos de vista sobre etiqueta. Essa parte parecia errada. Envia a mensagem de que "se você não seguir minhas regras arbitrárias de civilidade, posso tornar sua vida miserável."

Não vejo nenhum problema com a maioria das regras de etiqueta. Acho que para quem quer segui-las completamente, isso é ótimo. Mas eu não quero ir a um lugar, seja um restaurante, posto de gasolina ou a casa de um amigo, e ser atingido pela ansiedade por precisar seguir todas as regras. Então, se eu não fizer isso, talvez seja rotulado de bárbaro sem classe. Eu faço o que posso, vivo pela minha verdade, tento ser atencioso e deixo por isso mesmo. E para situações que exigem regras demais, talvez seja melhor para mim evitá-las.

Menciono regras porque muitas vezes na vida as descobri restringindo minha verdade. "Devemos fazer as coisas dessa maneira," elas me dizem. Tenho uma mente criativa que quer questionar e levar as coisas em novas direções e desafiar a ordem, então às vezes acho difícil aceitar as regras como elas são.

Estar excessivamente focado em regras pode nos levar à falsidade. Isso é tudo que eu quero que você saiba.

Pergunte a si mesmo: O que está restringindo minha verdade e me levando à falsidade?

É um tipo específico de pessoa com uma personalidade forte que tende a desviá-lo de seus valores e objetivos de vida? É um conjunto de regras que você considera arbitrário, mas todas as pessoas ao seu redor acreditam ser importantes? Será que você ainda não decidiu um propósito ou caminho para si mesmo? Será que você geralmente prefere mentir para manter a paz em vez de dizer às pessoas como se sente? Você se vê sendo arrastado para discussões mesquinhas online, talvez com pessoas que você não conhece na vida real? Você está contando a si mesmo a mesma história sobre você todos os dias, que o mantém no mesmo lugar que você não gostaria de estar? Você tem se comprometido com seus valores-chave?

Aqui está algo difícil de considerar, mas vale a pena ter em mente.

Existe um grande ilusionista em sua vida, cuidadosamente plantando ideias em sua cabeça apenas para fazer você concordar com elas? Existe alguém ou algum grupo tentando fazer você acreditar no que eles querem que você acredite? Talvez quando você aceita a versão deles da verdade, isso os ajude. Considere um parceiro romântico autoritário que o convence de que você é o problema porque você não está cumprindo as exigências dele. E quanto às implacáveis agências de publicidade que bombardeiam você com ideias que fazem você se sentir como se estivesse faltando alguma coisa, algo que elas convenientemente vendem. E as agências de notícias? Elas estão lhe fornecendo fatos ou apenas uma narrativa que satisfaça seus proprietários? Elas estão relatando as notícias ou inventando sua versão da "verdade"?

Lembre-se do capítulo anterior, *Ninguém Pode Lhe Dar a Verdade - Você Deve Buscá-la Por Conta Própria.*

Quem ou onde está o ilusionista em sua vida, mexendo os pauzinhos, fazendo você duvidar da verdade real e apresentando-lhe seus "fatos" convenientes? Pense nisso profundamente. Bilhões de dólares são gastos todos os dias, vendendo a você uma versão da verdade. Em algum ponto, temos que questionar e nos perguntar: *Qual é a verdade real?*

Já afirmei que histórias convenientes não são necessariamente verdadeiras. Agora, considere que só porque existem imagens colocadas à sua frente, isso não significa que sejam verdadeiras. Na era de hoje, imagens e vozes podem ser manipuladas pela tecnologia. Há menos certeza do que nunca.

E então, quando você vir grupos enormes de pessoas seguindo "verdades" convenientes, lembre-se mais uma vez de que isso não as torna corretas.

Temos que aprender a questionar mais profundamente e pensar mais criticamente para descobrir nossa verdade em um mundo que nos direciona para a falsidade. A maioria dos meus livros foi escrita com esses objetivos em mente. Você está convidado a ver a lista deles ao final deste livro.

PERGUNTAS-CHAVE

(Explore a Falsidade Dentro e Além
de Você Para Se Livrar Dela)

1. Existe uma pessoa em particular para quem você tende a mentir? Ou talvez haja certas situações em que você descobre que tem mais probabilidade de mentir. Por que isso acontece?
2. Você já trabalhou duro para convencer alguém de que algo era verdade? Quando você fez isso, foi porque também tinha algumas dúvidas?
3. O que você sabia que era verdade quando tinha 5, 10, 15, 20, 30, 40, 50 etc., anos, até agora? O que mudou com o tempo?
4. Quando as pessoas são muito educadas ou muito rígidas quanto a seguir as regras sociais, isso parece falso para você? Parece que eles são pessoas genuinamente educadas ou estão muito preocupados em seguir as regras de educação?
5. A que tipo de ideias falsas você está sendo exposto todos os dias? Elas são difíceis de perceber conscientemente porque você as vê com frequência?

TOME UMA ATITUDE HOJE

(Explore a Falsidade Dentro e Além de Você Para Se Livrar Dela)

Ação: **Passe algum tempo calmamente consigo mesmo.** Você pode entrar em um estado meditativo se tiver prática, mas se não, apenas sente-se em silêncio por alguns minutos. Concentre-se na respiração e permita-se atingir um estado de calma e paz.

Então, imagine-se, mas em uma versão mais velha e mais sábia. Talvez você possa se imaginar vinte ou trinta anos mais velho.

Pergunte ao seu eu mais velho:

Qual é a maior falsidade que permiti em minha vida e como posso superar isso?

Qual é a maior verdade da minha vida, a qual devo trabalhar para mantê-la e crescer?

Você pode se perguntar qualquer outra pergunta em sua mente e talvez perguntar sobre a direção de sua vida, propósito ou como superar um obstáculo específico.

Motivo: quem o conhece melhor do que você mesmo? Lembre-se de que você é o único capaz de descobrir a sua verdade. Ninguém a pode dar a você. Portanto, faz sentido pedir ajuda para outra versão de você mesmo. Por mais estranha que possa parecer essa ideia, dê uma chance. Você pode se surpreender.

Dica: se você tem dificuldade com este exercício, não tente forçá-lo. Você sempre pode tentar novamente em outro momento. Ao tentar este exercício pela primeira vez, você pode não perceber o quão profunda é a sabedoria que você recebe. Recomendo anotar todos os pensamentos que você obteve em conversas consigo mesmo.

A Escala do Mentiroso (Algumas Mentiras São Piores que Outras)

"Aqueles que falharam em trabalhar para a verdade perderam o propósito de viver."

— Buda

Nota: esta seção foi postada originalmente em meu site: www. RobledoThoughts.com. Em sua jornada para explorar a falsidade dentro de você, acredito que examinar os tipos de mentiras que você conta ou que as pessoas ao seu redor tendem a contar pode te ajudar. Ao ver as mentiras como elas são, podemos nos redirecionar de volta à verdade.

As mentiras não são iguais, então quero que você considere como algumas mentiras podem ser piores do que outras.

No caminho para buscar a verdade em nossas vidas, precisamos pensar sobre isso. Suponha que não nos concentremos conscientemente em quão verdadeiros somos ou quão honestos as pessoas ou sistemas ao nosso redor são. Nesse caso, nossas vidas podem cair na falsidade. Podemos contar mentiras cada vez maiores e ficarmos cercados de falsidades. Então, um dia, a verdade e a falsidade podem se confundir.

Devemos sempre manter o domínio da nossa verdade, porque fazer isso significa apreender a realidade. Para ajudá-lo a manter um melhor controle da verdade e da realidade, apresento-lhe a **Escala do Mentiroso**. Nela, números menores indicam mentiras menores, e números maiores indicam mentiras maiores.

1) A Mentira do Sobrevivente

O objetivo dessas mentiras é atender às necessidades pessoais — como comida, água, abrigo ou outros confortos necessários. Ao contar tais mentiras, o objetivo principal é sobreviver, não levar mais do que o necessário.

2) A Mentira Positiva (por exemplo, "mentira branca")

O objetivo desta mentira é não causar nenhum dano ou ocultar quaisquer delitos. O objetivo geralmente é ajudar a evitar que alguém se sinta mal ou ajudar alguém a se sentir melhor. Seu objetivo é melhorar de alguma forma a situação de outra pessoa, contando uma mentira positiva.

3) A Mentira Menor

Essas são pequenas mentiras que podemos contar para conseguir o que queremos em situações triviais. O objetivo pode ser ajudar outras pessoas de alguma forma. Ainda assim, frequentemente estamos mais interessados em nos ajudar a nos sentirmos melhor ou evitar uma consequência negativa do que em como essa mentira afeta os outros.

4) A Mentira de "Salvar a Pele"

É uma mentira em que você inventa uma desculpa ou declara algo apenas para evitar levar a culpa. Neste estágio, você deseja gerenciar como as pessoas pensam sobre você, mesmo que isso implique mentir para elas. Em vez de estar motivado para fazer as pessoas pensarem que você é o melhor, você não quer que elas pensem menos de você. Com a mentira "Salvar a Pele," você mente sobre quem você é, o que parece mais significativo do que as mentiras anteriores na escala.

5) A Mentira "Eu Não Posso Falhar"

Com esse tipo de mentira, você tinha um objetivo em sua vida e percebeu que não conseguiria alcançá-lo normalmente. Então, para completá-lo, você decidiu mentir ou trapacear de alguma forma para obter o resultado desejado. Nesse estágio, a mentira deve ser apenas um incidente isolado ou raro e não uma ocorrência regular. No entanto, esse tipo de mentira é maior do que os anteriores porque, para evitar prejudicar toda a sua vida ou perder um emprego, as pessoas podem ser motivadas a contar mentiras muito maiores (ou trapacear de maneira substancial).

6) A Mentira "Eu Devo Vencer"

Aqui, a necessidade de sempre vencer ou estar certo ou de ser melhor do que os outros resultará em mentir para manter uma vantagem competitiva e manter a ilusão de ser o melhor. Você está determinado a ser altamente competitivo ou possivelmente o melhor, mesmo que isso signifique contar grandes mentiras. Esta é uma mentira maior do que as anteriores, porque você decidiu um resultado que deve cumprir. Você fará de tudo para obter esse resultado, o que inclui mentir ou trapacear para atingir esse objetivo.

7) A Mentira "Eu Vou te Proteger"

Com esse tipo de mentira, alguém fica sabendo de uma ação imprópria (por si ou por outra pessoa). Essa pessoa mente (ou propositalmente não diz a verdade) para impedir que alguém saiba dessa má ação. Alguém pode dizer a si mesmo que mente para proteger os outros. Ainda assim, muitas vezes estão mentindo para se proteger da reação que receberão se outros descobrirem a verdade. Essa mentira é alta na escala porque essas mentiras podem rapidamente se transformar em mais mentiras para encobrir mentiras anteriores. Também está no topo da lista porque, de modo geral, envolve mentiras que as pessoas consideram uma violação grave de confiança ou integridade. Do contrário, eles não gastariam tanta energia para manter esse tipo de mentira.

8) A Mentira "Eu Vou te Machucar"

As mentiras acima geralmente não têm a intenção de causar danos, e é por isso que essa mentira está no topo da escala. Nesse ponto, uma pessoa é motivada a prejudicar os outros — pode ser para "ensinar-lhes uma lição" ou porque alguém tem motivos pessoais para não gostar de outra pessoa. Essas mentiras podem ser usadas para adquirir dinheiro ou objetos de valor ou para causar danos psicológicos ou físicos.

9) A Mentira "Minha Vida é Uma Mentira"

Nesse estágio, alguém descobriu que mentir é uma ferramenta poderosa para conseguir o que deseja. Com esse tipo de mentira, uma pessoa pode ganhar simpatia inventando ou exagerando seus problemas em níveis absurdos. Ele pode inventar histórias para motivar as pessoas a lhe darem dinheiro. Sempre que sua integridade ou experiência é questionada, ele pode ter mentiras prontas para apoiar seu comportamento. Neste estágio, aspectos significativos da vida de uma pessoa podem ter sido fabricados. O currículo pode ser composto principalmente de falsidades, e seu traje pode dar a impressão de que ele é muito mais bem-sucedido do que realmente é. Relacionamentos podem ser baseados em promessas que ele nunca teve a intenção de cumprir. Nesse nível, uma pessoa está tão acostumada a mentir que, quando é inevitavelmente pega em uma mentira, inventa novos "fatos" para apoiar uma história inventada que justifique suas ações.

A Mentira de "Manter a Justiça"

Outro tipo de mentira que não será facilmente classificada acima é a **mentira de "Manter a Justiça"**, onde alguém mente para defender um senso maior de justiça ou valores. Este será mantido sem classificação porque, no final, todos devemos fazer nosso julgamento sobre se vale a pena tentar manter a justiça ou não. E podemos todos ter diferentes impressões sobre o que é justificado.

Estou interessado em discutir mentiras porque isso acontece muito e tendemos a aceitá-las como um estilo de vida. Qualquer coisa que alguém diga a você ou qualquer coisa que você tenha lido hoje pode ser uma mentira. Todos nós estamos cientes disso e provavelmente já alcançamos algum nível de paz com isso.

Infelizmente, quanto mais mentiras uma pessoa conta, maior a probabilidade de cair no padrão de contar mentiras maiores e mais profundas. Nos estágios mais elevados de mentira, a vida de uma pessoa consiste mais em mentiras do que em verdade. Quando elas se levantam pela manhã, a primeira coisa que passa por suas cabeças é quais histórias inventadas elas têm que contar a quais indivíduos para obter os resultados desejados. Caso contrário, elas se concentrarão em proteger todas as suas mentiras anteriores de serem descobertas.

Mesmo nos estágios mais baixos da mentira, você pode facilmente deslizar para níveis mais profundos. Imagine se alguém contasse mentiras menores perpetuamente (No. 3 na escala). Essas podem ser pequenas mentiras, mas com o tempo essa pessoa pode escorregar cada vez mais fundo na escala, à medida que mentir se torna uma parte regular de sua vida.

Eu o encorajaria a se tornar mais consciente de quaisquer mentiras que possa contar em sua vida. Às vezes, elas podem se tornar tão rotineiras que nem mesmo percebemos. Por exemplo, talvez haja alguém em sua vida que mente para você regularmente. Se você "concorda" com essas mentiras, então, em certo sentido, você também está mentindo.

Se alguém mente para você ou para as pessoas ao seu redor com frequência, pense no que você pode fazer para quebrar esse ciclo em que essa pessoa "lhe vende" as mentiras e você parece "acreditar" nela. Devemos encontrar maneiras de reduzir a mentira ao nosso redor, porque as pessoas que fazem isso regularmente podem nem estar conscientes do que estão fazendo. E se elas pensam que estão escapando impunes, elas podem estar motivadas para continuar. Talvez seja um mau hábito que desenvolveram e não irão parar a menos que alguém as confronte de alguma forma.

Aqui estão algumas observações que fiz no passado ou que posso fazer se eu ouvir algo que seja uma mentira aparente:

- "Mesmo? Não foi isso que outra pessoa me disse."
- "De onde você está tirando seus fatos? Acho que não confiaria nessa fonte."
- "Algumas pessoas estão preocupadas com [insira qualquer senso de integridade ou valor que a pessoa pretende proteger com essa mentira], mas eu realmente não me importo."
- "Então, o que você acha sobre [mencionar outro tópico]?" Ou "Olha que horas são — eu tenho que ir". (Isso pode levá-los a ver que você não vai ficar sentado ouvindo mentiras.)
- "Uau, isso é realmente inacreditável — isso é algo para o livro dos recordes (dito com leve sarcasmo)."
- "Agora você está só inventando coisas (não em um tom irritado, mas possivelmente um tom ligeiramente divertido)."
- "Eu não nasci ontem, você sabe."
- "Isso vai contra tudo que sei ser verdade (posso guardar este para um mentiroso patológico)."

Pense nas vezes em que você percebeu que provavelmente alguém estava mentindo. Se você prestar atenção, muitas vezes poderá detectar sinais que indicarão que alguém pode estar mentindo. Por exemplo:

- Há uma inconsistência no que alguém afirmou. Talvez muitas vezes afirmem ser o que for vantajoso no momento, o que pode resultar em declarações conflitantes.

- Sua linguagem corporal ou tom de voz está fora de sincronia com as palavras que usam. Por exemplo, eles podem lhe dar más notícias em um tom de voz alegre.

- Eles sempre têm desculpas para evitar ter que fazer atividades indesejáveis.

- Eles tendem a ficar excessivamente defensivos e seu tom de voz aumenta drasticamente.

- Eles ficam desconfortáveis e tocam o nariz ou o rosto enquanto falam.

- Eles monitoram de perto sua reação, possivelmente para ver se você está "comprando" a história deles. Eles podem verificar sua resposta para julgar se devem continuar com sua história ou modificá-la para apaziguá-lo.

- Eles fazem afirmações que não têm bom senso ou razão por trás delas — e fazem isso regularmente.

PERGUNTAS-CHAVE

(A Escala do Mentiroso)

1. Que tipo de mentira você costuma contar?
2. Em média, onde elas se enquadram na Escala do Mentiroso?
3. Suas mentiras ficaram menores ou maiores com o tempo?
4. E as pessoas ao seu redor? O quanto você acha que elas mentem? E você está fazendo algo a respeito?
5. Você é mais duro com os outros quando mentem ou mais duro consigo mesmo quando mente? Você tem um padrão duplo?

TOME UMA ATITUDE HOJE

(A Escala do Mentiroso)

Ação: **Hoje, faça um esforço extra para ser o mais verdadeiro possível sobre *tudo*.** Mesmo se você estiver passando por emoções negativas, como ansiedade ou confusão, considere compartilhar isso com alguém. Se você cometer um erro, seja direto sobre o que aconteceu, em vez de dar desculpas ou negar seu papel.

Isso não quer dizer que você normalmente mentiria, mas preste muita atenção aos seus instintos. Em algumas situações, podemos ficar naturalmente na defensiva e achar que não há problema em dizer qualquer coisa necessária para defender nossa posição. Claro, tal abordagem pode resultar em mentiras.

Quando você se concentra em dizer conscientemente a verdade hoje, lembre-se de como isso o faz sentir. Você se sente melhor consigo mesmo e como se fosse mais fiel a si mesmo por ter se apresentado da forma mais verdadeira possível?

Motivo: geralmente é melhor dizer a verdade. Quando mentimos sobre algo, sempre nos preocupamos que alguém descubra essa mentira e que possamos ser punidos por isso no futuro. Quando você fala a verdade, não precisa se preocupar. Além disso, ao dizer a verdade, você terá mais chances de atrair pessoas em sua vida que acreditam que a verdade é importante e que o valorizam como você é. Se você cometer um erro, aqueles que apreciam a verdade entenderão que você é humano e não esperam a perfeição. Eles estarão dispostos a lhe dar outra chance só porque você disse a verdade.

Dica: Existem diferentes graus de verdade. Tenho tendência a ter uma sensação quando sei que estou escondendo algo que as pessoas ao meu redor merecem saber. Quando você tiver essa sensação, leve-a a sério. Se você não se sentir à vontade para dizer a todos a sua verdade, considere levar um amigo próximo ou talvez seu chefe ou alguém em quem você confia e explicar sua verdade para eles.

Teste Sua Verdade

"Não vacile diante de experiências que possam
destruir suas crenças. O pensamento que
você não pode pensar o controla mais do que
os pensamentos que você fala em voz alta.
Submeta-se a provações e teste-se no fogo.
Abandone a emoção que se baseia em uma
crença equivocada e procure sentir plenamente
aquela emoção que se encaixa nos fatos."

— Eliezer Yudkowsky

O que você faz quando pensa que tem a sua verdade? Isso significa que você chegou ao seu destino? Não exatamente.

Como eu disse antes, a verdade é uma jornada.

Este livro não trata de chegar a lugar nenhum. Pode não haver destino para chegar.

Na minha experiência, a maioria de nós não quer que ninguém nos teste, *realmente nos teste*. Queremos ter nossas crenças ou verdades e nos contentar com isso. Não queremos ser desafiados — nos sentimos mais seguros para continuar acreditando em nossas verdades, mesmo que elas não sejam inteiramente verdadeiras.

Quando alguém abre buracos em sua verdade, parece que estão fazendo buracos em sua alma. No entanto, precisamos aprender a lidar com críticas e falhas. Afinal, ninguém é perfeito. Isso pode nos abrir para comentários prejudiciais, mas seremos mais fortes no final.

Eu recomendaria que você não encontrasse uma "verdade" em particular e depois se apegasse a ela teimosamente por toda a eternidade. Esteja disposto a testá-la, reavaliar e reconsiderar. Algo mudou? Há novas informações que valem a pena considerar?

Imagine o seguinte: Pedro é um peixe no oceano que não conhece nada além da água. Para Pedro, tudo é molhado e, portanto, ele não consegue perceber totalmente a ideia do que significa estar molhado. Para saber o que significa estar molhado, ele teria que saber o que significa estar seco, certo? Então, um dia, um pescador fisga Pedro e ele se vê em um barco. O sol quente está secando-o rapidamente. Pela primeira vez, ele vê que nem tudo está molhado. Agora ele vê a verdade, que é possível ficar seco saindo do oceano.

Nesta história, eu sou o pescador.

E decido que Pedro deve vivenciar a água mais uma vez, para que possa aprender a apreciar sua vida mais plenamente. Eu escolho jogá-lo de volta no oceano. (Splash!)

Martin nunca poderia testar conscientemente sua verdade de que tudo estava molhado porque, para ele, deixar o oceano é morrer. Mas, como humanos, podemos testar nossas verdades. Testá-las não vai nos matar, mesmo que seja desagradável. Precisamos estar dispostos a ficar desconfortáveis e conduzir esses testes para descobrir toda a verdade sobre nossas vidas. A alternativa é presumir que conhecemos todos os fatos e ficarmos chateados quando outras pessoas discordam de nós. Isso não é o ideal.

Existem duas maneiras principais de testar sua verdade. **A primeira maneira de testar sua verdade é permitir-se supor que pode estar errado e procurar opções alternativas e melhores.** Essa abordagem simples o forçará a se comportar de maneira diferente. Isso permitirá que você talvez descubra uma nova verdade que permaneceu oculta de você.

Considere que talvez a sua verdade seja que um colega de trabalho chamado José é mau com você e que ele não gosta de você. Como você geralmente acha que esse é o caso, você tende a ficar de mau humor perto dele. Então, talvez seu mau humor coloque José de mau humor também, e isso apenas reafirma a sua verdade, que José não gosta de você. Uma maneira de testar essa verdade é não fazer a mesma coisa que você sempre faz. Em vez disso, você pode testá-la garantindo que está de bom humor antes de ver José e ser legal com ele. Se você é legal com José, ele ainda reage negativamente? A única maneira de saber é testar essa verdade por conta própria.

Em outro cenário, talvez a sua verdade seja que você não é bom em matemática. Então, sempre que houver matemática a ser feita, você sempre terá um amigo ou familiar para fazer isso por você. Sempre que você tenta fazer matemática sozinho, muitas vezes se engana e se acostuma com a ideia de que simplesmente não é bom em matemática. A maneira de testar isso seria realmente se comprometer a melhorar suas habilidades matemáticas. Isso significaria não mais pedir ajuda para problemas simples de matemática, mas sim dedicar um tempo à prática e ao aperfeiçoamento. Talvez você possa até mesmo fazer uma aula ou achar um tutor para lhe ajudar a melhorar.

Como cenário final, vamos considerar emoções ou humores. E se você acabou de entrar em uma grande briga com seu namorado ou sua namorada e se sente péssimo por isso, você pode até pensar o pior. Você pode começar a pensar que está cansado desse relacionamento e tudo o que quer fazer é fugir dele. Pode passar pela sua cabeça que é hora de você terminar com isso, ou você pode se perguntar se desta vez seu namorado/namorada vai se cansar e querer acabar com isso. Então, talvez você fique triste, zangado ou chateado de alguma forma. Claro, esses não são pensamentos divertidos de se ter. Quando isso acontecer, você pode se perguntar se esses pensamentos refletem a verdade, ou se você está apenas chateado, e se isso é algo que vai passar. O objetivo aqui é dar um passo para trás quando necessário e presumir que seus pensamentos podem estar errados. Em vez de presumir que está caminhando para um rompimento, você deve se lembrar de que geralmente resolve seus problemas, portanto, certamente, desta vez, você os resolverá novamente.

Como eu disse, existem duas maneiras principais de testar sua verdade. A primeira maneira é presumir que sua verdade pode estar errada. Isso pode ser produtivo quando você tem uma "verdade" que não está funcionando bem.

A segunda maneira de testar sua verdade é presumir que você está certo e se esforçar para viver de acordo com essa verdade mais plenamente. Esta é uma maneira mais útil de testar suas verdades quando você tem uma parte mais profunda de si mesmo, como um valor fundamental pelo qual você escolheu viver sua vida.

Se a sua verdade é a bondade, teste-a. Tente ser gentil com aqueles que fazem mal a você. Seja gentil com alguém que você não conhece bem. Seja gentil mesmo quando você estiver tendo um dia ruim.

Se a sua verdade é a gratidão, teste-a. Agradeça a primeira coisa pela manhã e a última coisa à noite antes de deitar. Seja grato pelas duras lições aprendidas, bem como pela bondade que lhe foi concedida. Aprecie os deveres que as pessoas em sua vida desempenham, mesmo quando são pagas por eles.

Se a sua verdade é inteligência, teste-a. Veja e julgue a si mesmo como se você se visse de longe. Avalie suas palavras, pensamentos e ações e veja se eles são lógicos e congruentes. Aprenda e leia todos os dias. Desafie sua mente a ver, pensar e calcular com mais profundidade do que você jamais fez, mesmo quando isso for entediante e difícil.

Se a sua verdade é empatia, teste-a. Veja uma senhora idosa cansada em um ponto de ônibus e pergunte-se como foi o dia dela. Ela lutou, trabalhou duro, sofreu, duvidou ou progrediu? Veja um adolescente andando de skate com jeans rasgados e pergunte-se como é a vida dele. Ele tem uma casa estável, tira boas notas, tem amigos íntimos e se tornará alguém importante? Veja um morador de rua dormindo ao ar livre no frio e pergunte-se como ele está. Ele está doente, sozinho, cansado ou com fome? Ele tem alguém no mundo que se preocupa com ele? Então, você pode estender sua empatia além do pensamento e sentir o que eles sentem? Você consegue tomar medidas úteis com base nessa empatia? Você é capaz de estender sua compaixão aos outros mesmo quando está cansado e esgotado?

Se a sua verdade é responsabilidade, teste-a. Quando você prometeu ajudar muitas pessoas, você fará o melhor para cumprir essas promessas, mesmo quando isso significar trabalhar mais e dormir menos? Quando você está no comando de uma tarefa e a situação se torna assustadora, você vai se preparar para a ocasião e se certificar de que tudo seja resolvido?

Se a sua verdade é independência, teste-a. Em vez de pedir ajuda às pessoas o tempo todo, primeiro procure maneiras de resolver os problemas sozinho. Só peça ajuda quando precisar, quando não puder progredir sozinho.

Considere este cenário: e se Lucas acabasse de sair da prisão? Ele passou anos lá e agora está pronto para se redimir. Ele está ansioso para encontrar um emprego estável, mas conforme ele se candidata em todos os lugares que pode, um padrão emerge. Quando o empregador descobre que ele passou algum tempo na prisão, perde o interesse em contratá-lo. Lucas lembra que ainda sabe onde moram antigos contatos que poderiam ajudá-lo a conseguir um "emprego," sem perguntas. O problema é que, se ele cair nesses padrões antigos, com certeza acabará atrás das grades em breve. Em vez disso, Lucas decide que sua verdade está sendo testada aqui. Nesse caso, sua verdade é sua disciplina e seu compromisso de viver em retidão, mesmo quando o caminho é difícil. Ele decide que mesmo que precise se mudar para conseguir um emprego, ele o fará. Mesmo se ele tiver que trabalhar por menos, ele o fará. Ele está disposto a ser testado e deixar sua verdade brilhar no final.

Verdade é uma palavra poderosa. Reserve um momento para se perguntar se você está levando uma vida verdadeira. Para mim, verdade significa consistência. Não podemos esperar perfeição. Só porque você valoriza a felicidade, não significa que você nunca ficará triste. Isso seria irreal. Mas se você valoriza a felicidade, está realizando ações diárias que o movem nessa direção? Você está fazendo isso de forma consistente, escolhendo a alegria em vez da tristeza em todas as oportunidades, ou está apenas dando desculpas?

Todos os dias somos testados. Mas não conseguimos entender que este é o caso. Nós pensamos: só desta vez, serei preguiçoso. Só desta vez, abandonarei meus valores e pegarei o caminho fácil. Só desta vez, posso agir impulsivamente e esquecer o que importa. Só desta vez, posso priorizar o que me faz sentir bem agora, mesmo quando isso interfere nos meus valores.

Precisamos aprender que cada dia e cada momento é um teste, e podemos decidir seguir em direção à nossa verdade ou abandoná-la. A escolha é sua.

Frequentemente, nos tornamos nossos maiores obstáculos. Ou criamos nossos obstáculos ou permitimos que outros os coloquem em nosso caminho. Então, não os confrontamos adequadamente de acordo com nossos valores. Entenda que as barreiras não são o problema. Ao ser apresentado a elas, você tem a oportunidade de praticar seus valores mais profundamente e encontrar sua verdade.

Mas você deve treinar todos os dias. Você deve viver de acordo com seus valores todos os dias. Teste suas verdades e teste-as regularmente. Quando o grande momento acontecer e você enfrentar as decisões e situações mais difíceis da sua vida, você estará pronto para isso.

Todo dia é um teste. Cada dia está ajudando você a treinar para se tornar alguém. Às vezes, o universo nos fornece muitos testes desafiadores. Mas outras vezes, ele nos dá uma pausa. Quando o universo não está testando você completamente, você deve considerar testar suas verdades mais profundas por si mesmo.

PERGUNTAS-CHAVE

(Teste Sua Verdade)

1. O que é uma verdade que não está funcionando tão bem para você, da qual você poderia se beneficiar ao testá-la e presumir que pode estar errada?

2. O que é uma verdade que faz parte de você, como um valor fundamental? Você pode se esforçar para viver de acordo com essa verdade mais plenamente?

3. Existe alguma verdade no oposto do que você pensa ser verdade?

4. Pense em uma verdade específica de sua vida sobre a qual você tem alguma dúvida—vale a pena testá-la?

5. Qual foi a última vez que uma de suas verdades mais profundas foi testada? O que você aprendeu?

TOME UMA ATITUDE HOJE

(Teste Sua Verdade)

Ação: Qual é a verdade em sua vida que você presumiu ser verdadeira por muito tempo? Pense nas diferentes crenças que você pode ter. **Como você preencheria esses espaços em branco?**

Na maioria das vezes, as pessoas são: _____

Todo mundo nasceu com direito a: _____

Não importa o quão tentador, ninguém deveria: _____

O mais importante na vida é: _____

Use suas respostas a essas declarações para descobrir uma verdade em sua vida que você pode não ter testado adequadamente. Para quaisquer respostas que você der às perguntas-chave em sua vida, pergunte se você considerou outras alternativas. A sua maneira de ver as coisas é necessariamente a verdade absoluta? Existe outra opção ou perspectiva que também vale a pena considerar?

Hoje, para uma de suas verdades fundamentais, procure informações ou evidências que possam desmentir essa verdade. Procure motivos pelos quais ela pode ser falsa ou equivocada. Então, em vez de resistir a essa informação, tente abrir sua mente para ela.

Motivo: muitos de nós passamos pela vida presumindo que temos a verdade e as respostas. Nossas verdades nos parecem tão óbvias que deixamos de considerar perspectivas ou verdades alternativas. Ficamos cegos e vemos as coisas através de um ponto de vista estreito. Por isso, devemos testar nossas verdades, nos desafiar e estimular o aprendizado e o crescimento pessoal.

Dica: a maneira de testar sua verdade é não fazer as mesmas coisas da mesma maneira de sempre. Pode ser útil experimentar e tentar comportar-se de uma maneira em alguns casos e de outra em outras situações. Por exemplo, suponha que você goste de contar piadas e pense que isso o ajuda a fazer amigos com mais facilidade. Nesse caso, você pode testar essa verdade contando piadas em algumas reuniões e não em outras. Faz sentido que suas piadas possam fazer as pessoas gostarem de você, mas como você saberia realmente, a menos que testasse isso? Teste cada vez mais suas verdades, cada vez mais profundamente. Você descobrirá que algumas de suas "verdades" não eram inteiramente verdadeiras.

Considerações Finais

"Acredite em mim: não é nenhum ensino e nenhuma instrução que eu dou a você. Com base em quê devo presumir ensiná-lo? Eu te dou informações do jeito desse homem, mas não do seu jeito. Meu caminho não é o seu caminho, portanto, não posso ensiná-lo. Dentro de nós está o caminho, a verdade e a vida."

— Carl Jung, *O Livro Vermelho* (Liber Novus)

Seguir a sua verdade nem sempre será fácil. Eu perdi a minha e a encontrei novamente muitas vezes. O importante é que você preste atenção aos sinais que sua mente e seu corpo lhe dão. Se você está perpetuamente aborrecido, infeliz ou estressado, então pode ter se afastado de sua verdade.

A verdade pode ser feia às vezes, mas, ao iluminá-la, teremos mais probabilidade de encontrar nosso caminho para um lugar que seja verdadeiro para nós mesmos, que é, em última análise, para um bem maior. Se ignorarmos a verdade, nos tornaremos apenas errantes, perdidos e necessitados de orientação.

Estou curioso: no capítulo, *Identifique Seus Valores Para Usá-los Como Uma Bússola Interna Que Iluminará Seu Verdadeiro Caminho,* a verdade era um dos seus valores mais elevados? Para mim é. Percebi há muito tempo que a verdade poderia me levar a lugares inconvenientes. A verdade não se preocupa com nossos sentimentos, desejos ou vontades. A verdade não existe para nos fazer sentir bem ou nos ajudar com um objetivo específico.

A verdade apenas é.

Quando eu tinha 16 anos, decidi que a verdade era meu valor mais alto. Mesmo que aprendesse ou descobrisse coisas nas quais não queria acreditar, deixaria que a verdade me guiasse. Eu queria operar no mundo do que é, não apenas no mundo do que eu queria ser. Eles não estão totalmente em contradição. Se você conhece a verdade como ela é, pode usar esse conhecimento para criar a vida ou o ambiente que deseja.

Recomendo encontrar alguém em quem você confie, com quem possa ser aberto sobre suas verdades mais profundas. Se você estiver disposto a ser corajoso, pode até mesmo divulgar sua verdade ainda mais. Por exemplo, você pode discuti-la entre amigos ou em um blog sobre o assunto. Ao ter suas verdades expostas, você estará permitindo que outros descubram quaisquer erros possíveis em suas suposições, raciocínios ou ideias. Você pode até mesmo ser rejeitado por pessoas que discordem de você. E isso pode fazer você se sentir vulnerável, mas pode ser fortalecedor. A escolha é sua quanto ao quão aberto você deseja ser com suas verdades. Ainda assim, se as compartilharmos e estivermos disponíveis para os pontos de vista uns dos outros, cresceremos espiritualmente. Aprenderemos mais sobre nós mesmos, as pessoas ao nosso redor e o próprio mundo.

Como um breve exemplo do que significa ser aberto com a nossa verdade, gostaria de lhe contar uma pequena história. Uma amiga da família deixou uma profunda impressão em mim há muito tempo. Ana sempre parecia extrovertida e otimista, e eu nunca havia notado nenhum problema particular com ela. Mas um dia, ela mencionou alguns de seus problemas para minha família e para mim. Ela foi diagnosticada com depressão e transtornos de ansiedade e estava tomando medicamentos e indo a um terapeuta para tratar isso. Ela me fez sentir como se esse fosse um assunto do dia a dia, e foi natural para ela nos contar sobre isso. E, claro, ninguém a julgou ou criticou por compartilhar isso. Nós apenas a ouvimos e a aceitamos como ela era. Ela era nossa amiga.

No entanto, não pude deixar de pensar — eu nunca teria sido tão aberto sobre algo assim. Naquela altura da minha vida, muitos, muitos anos atrás, eu simplesmente não discutia quaisquer questões de saúde mental. Eu não conseguia nem me imaginar discutindo algo assim com um médico, muito menos minha família ou amigos. Eu teria me sentido envergonhado e muito constrangido até mesmo para pensar nisso.

Anos mais tarde (ou há mais de uma década, no momento em que este livro foi escrito), caí em profunda depressão e guardei tudo para mim. Essa teimosia só me levou a cair ainda mais em depressão. Negligenciei em buscar ajuda até que fiquei acamado e não tive outra opção. Naquela época, lembrei-me da força e coragem de Ana e decidi que era hora de falar a minha verdade.

Liguei para amigos, meus pais, meu irmão, médicos, meu chefe e colegas. Contei a eles o que estava passando, e isso liberou um pouco do poder da depressão e comecei a me tornar eu mesmo novamente. Depois que abri essa torneira da verdade, foi difícil parar. Eu queria que as pessoas entendessem por que eu sentia a necessidade de manter minhas dores só para mim — mas isso não importava mais. A verdade brilhou sobre mim — eu tinha visto a luz e estava pronto para falar sobre ela.

Algumas pessoas foram compreensivas. Alguns ficaram magoados por eu não ter mencionado isso a eles antes. Alguns pareciam confusos e inseguros de como poderiam me ajudar — talvez tenham ficado surpresos ao ver alguém falar a verdade com tanta clareza. Mas acho que todos tentaram me ajudar e tentaram entender do seu jeito.

Tenho seguido minha verdade desde que me lembro. Às vezes, eu sentia que tinha falhado nisso, mas de alguma forma sempre fui levado de volta ao meu eu autêntico.

Agora, gostaria de compartilhar a decisão mais difícil que já tomei — foi uma que tomei porque valorizava minha verdade mais do que qualquer outra coisa.

Aos 25 anos (uma década atrás), eu estava no meu terceiro ano de doutorado, estudando psicologia organizacional industrial. Eu havia pensado em desistir muitas e muitas vezes, mas nunca o fiz. Achei que continuar era o que eu deveria fazer, embora na maioria dos dias eu me sentisse um impostor em minha própria vida. Dia após dia, fui perdendo o interesse pelo meu trabalho e pelos rumos que minha carreira estava me levando. Eu havia adquirido um nível robótico de eficiência no meu terceiro ano. Eu estava no controle de todo o meu trabalho, muitas vezes terminando tarefas e prazos antes do tempo.

No entanto, gradualmente, toda a minha vida se tornou apenas uma série de tarefas que eu precisava fazer. Não havia mais nada na minha vida. Eu tinha meu horário de trabalho das 8h às 19h todos os dias, exceto aos domingos, quando fazia uma pausa. Executei esse padrão como uma máquina. A vida era apenas um trabalho pelo qual havia perdido o interesse, pontuado por pequenas pausas. Eventualmente, minha chamada recompensa seria graduar-me para níveis mais elevados de responsabilidade e trabalho, com menos tempo livre. Isso é o que eu tinha a "esperar."

Um dia, algo em minha eficiência robótica quebrou. Não consegui realizar meu trabalho adequadamente. Eu simplesmente não conseguia entender o que era esperado que eu fizesse em uma tarefa específica atribuída a mim. Ou talvez não tenha conseguido comunicar que não entendia algo. Eu vinha sobrevivendo com pouco entusiasmo por tanto tempo e um nível de eficiência de mente vazia. Apesar disso, de alguma forma, mantive a convicção de que tudo ficaria bem. Por fim, senti que ficaria inspirado e motivado. Mas isso não estava acontecendo. E parecia, em minha falta de motivação e compreensão, que havia cometido alguns erros significativos na tarefa que fui designado a fazer. No final das contas, alguns de meus colegas tiveram que refazer meu trabalho na noite anterior ao prazo.

Eu tinha ficado muito confiante, pensando que continuaria fazendo progresso, mas havia falhas em meu sistema. Eu não estava preocupado com o andamento do trabalho. Em vez disso, só queria manter a aparência de que estava fazendo meu trabalho corretamente. Claro, para manter a impressão de que estava fazendo meu trabalho, precisava fazê-lo corretamente. Desta vez, eu falhei nesse aspecto.

Em vez de lidar com meu erro, acabei fazendo uma viagem de carro de treze horas para visitar minha família. Naquela viagem, percebi o que tinha que fazer. Eu precisava deixar tudo para trás. Eu tinha obtido minha graduação em psicologia, e recentemente recebi meu PhD em psicologia organizacional industrial. Ficou claro para mim que continuar nesse caminho rumo ao doutorado não estava em mim. Não era uma verdade minha. Esse caminho não estava me levando para mim mesmo, mas para longe. Eu estava ficando cada vez mais distante, mal me reconhecendo no que havia me tornado.

Quando meus colegas me viram, tive uma sensação desagradável de que eles não estavam me vendo. De que eles não me enxergavam porque meu papel como PhD e estudante se tornou minha identidade. Meu verdadeiro eu havia deixado de se importar, e eu era apenas uma máquina no piloto automático, sendo produtivo até "quebrar" e deixar de trabalhar corretamente. No final, meu fracasso em concluir um projeto foi apenas um incômodo para alguns de meus colegas. Meu chefe nunca foi informado sobre isso. Não corria o risco de ser punido, muito menos de ser expulso do programa.

Mesmo assim, fiz minha escolha. Era minha hora de ir.

A escolha mais difícil da minha vida foi seguir minha verdade neste caso. O programa em que participei tinha um histórico excepcionalmente alto de alunos formados no nível de doutorado, em torno de 95%. Isso tornou ainda mais difícil ser a única pessoa que decidiu ir embora.

Eu não tinha certeza de que direção minha vida tomaria a partir daí. Não havia terreno firme para pousar. Sem planos. Eu simplesmente percebi que esse caminho estava muito longe da minha verdade e precisava encontrar um novo. Não queria acordar aos 50 anos, percebendo que toda a minha trajetória de vida tinha sido apenas uma mentira.

Apesar de não ter ideia do que a vida me reservava, abandonei o caminho que me conduzia para a falsidade. E fui em direção à verdade. Seguir esse caminho me levou a escrever este livro, *Sua Verdade Pessoal*.

A verdade é o caminho a seguir. Ajuda você a ver com mais clareza e dá menos força a tudo o que o está incomodando. Quando revelo minha verdade para a família e entes queridos, isso me ajuda a esclarecer a direção que preciso seguir. Sua família e entes queridos devem ajudá-lo a viver sua verdade e ajudá-lo a seguir nessa direção. Se você não contar a eles sua verdade, como eles podem ajudá-lo?

Se parecer um grande salto compartilhar suas verdades com outras pessoas, comece a compartilhá-las com você mesmo. Medite e pense sobre elas profundamente. Escreva-as em um diário. Compartilhe-as com um terapeuta, se desejar. Comece de algum lugar, mas não apenas enterre suas verdades bem no fundo e se esqueça delas.

Buscar sua verdade nem sempre é fácil. Eu cometo erros como qualquer outra pessoa. Eu fui desencaminhado às vezes. Esqueci de seguir minha bússola interna de valores em alguns pontos. Mas esta é a jornada. O caminho para longe da verdade apenas o leva de volta a ela de qualquer maneira. Você só pode correr para longe dela antes que ela o puxe de volta.

No final, tudo ficará bem.

Abra sua mente para a verdade, mas entenda que quanto mais você abrir sua mente, mais você estará em uma posição vulnerável e potencialmente permitirá que a falsidade entre. É por isso que você deve sempre testar suas verdades. Não permita que nenhum pensamento aleatório entre em sua mente como uma chave inglesa em uma máquina, tirando-o do equilíbrio. Teste suas verdades antes de adotá-las como suas e incorporá-las ao seu ser. E quando as tiver, continue a testá-las para ter certeza de que são suas verdades pessoais.

Mente aberta é uma qualidade excelente para se ter, mas deve ser combinada com pensamento crítico e testes para ajudá-lo a chegar a verdades mais profundas. Em sua forma mais simples, *mente aberta* é estar disposto a considerar que outra perspectiva pode ter mérito. E o *pensamento crítico* é estar disposto a questionar algo, em vez de assumir que é totalmente preciso. *Testar* é agir para confirmar ou não se o que você acha que é verdade é refletido pela realidade. Use todas essas ferramentas para ajudá-lo a chegar a algo mais próximo da verdade.

Tudo o que podemos fazer é aprender sobre nós mesmos e o universo, descobrir nossas verdades, nos afastar da falsidade e testar nossas verdades. Então, à medida que encontramos verdades mais precisas, podemos nos libertar das antigas que não eram exatamente adequadas para nós.

Se continuarmos fazendo isso, em algum ponto, nossa verdade pessoal e a verdade universal se tornarão uma.

Minhas palavras de despedida para você: Espero que você encontre a coragem de ser verdadeiro consigo mesmo e de divulgar um pouco dessa verdade aos outros. Então, quando outros entrarem em conflito com sua verdade pessoal, espero que você possa ver que eles também têm uma parte da verdade. Pode valer a pena lutar por algumas ideias quando necessário, mas quando não forem realmente necessárias, devemos aprender a ver que todos nós podemos ter nossas verdades e viver nossas verdades e deixar que outros tenham as deles, e viver as suas também.

Eu compartilhei minha verdade com você e aspirei a compartilhar uma verdade universal também. Agora você deve estar um passo mais perto de sua verdade pessoal.

PERGUNTAS-CHAVE

(Considerações Finais)

1. Qual é a verdade mais profunda que você já revelou a alguém? O que aconteceu como resultado?
2. Qual é a verdade mais profunda que alguém já revelou a você? O que você achou ou como reagiu?
3. Você já disse a verdade e as pessoas não acreditaram em você ou não reagiram da maneira que você esperava?
4. As verdades em sua vida estão ajudando ou prejudicando você? Seria benéfico para você reconsiderar suas verdades pessoais?
5. A sua perspectiva sobre a verdade mudou como resultado da leitura de *Sua Verdade Pessoal*? De que maneira?

TOME UMA ATITUDE HOJE

(Considerações Finais)

Ação: **Pense em uma verdade profunda escondida dentro de você.** Pode ser algo que você viu ou fez. Existe uma verdade que você tem escondido dentro de você, com medo de revelar? Pode ser um sentimento ou emoção, uma situação dolorosa que você está enfrentando ou algo que você se arrepende de ter feito.

Quando tiver essa verdade em mente que talvez o esteja sobrecarregando ou perturbando de alguma forma sua vida, considere fazer o impensável. **Compartilhe essa verdade com alguém.**

Se você está preocupado em compartilhar sua verdade, pode começar com uma fonte confidencial. Por exemplo, você pode compartilhar com um padre ou uma pessoa confiável em sua religião, um psicólogo, um amigo próximo ou membro da família.

Você pode decidir que é hora de parar de esconder uma verdade específica do mundo. Talvez haja algo sobre você que você teme que as pessoas descubram. Em vez de esconder isso mais ainda, você pode simplesmente parar de manter isso em segredo. Se você não estiver pronto, não a compartilhe abertamente — porém, considere não escondê-la também.

Motivo: Isso é como um exame final, agora que você terminou o livro. Aceite uma verdade profunda e esteja disposto a revelá-la e discuti-la. Por mais difícil e doloroso que seja, isso o ajudará a aprender mais sobre si mesmo e a ter certeza de que aprendeu e se transformou. Ao serem desafiadas, nossas verdades podem crescer e se tornar mais firmes. Mas se as ignorarmos e negarmos, podemos falhar em atingir todo o nosso potencial.

Dica: Se você não está pronto para revelar essa verdade a ninguém ou está preocupado que ela possa causar mais danos, então pode ser útil refletir sobre ela por si mesmo. O que essa verdade significa para você agora, se ainda está em sua mente? Você cresceu com isso? Ou, ao tentar escondê-la, obstruiu de alguma forma o seu crescimento?

Considere registrar sua verdade em um diário. Claro, se você não quer que ninguém descubra isso, certifique-se de proteger seu diário. Um diário pode ser uma forma de compartilhar sua verdade consigo mesmo. Já escrevi minhas verdades em um diário e pode ser uma experiência terapêutica. Isso pode lhe dar uma sensação de alívio, como se você o tivesse compartilhado. Isso ocorre porque é mais provável que você explore seus sentimentos, pensamentos e verdades mais profundamente por meio da escrita do que faria de outra forma.

Obrigado

Obrigado por dedicar um tempo para ler *Sua Verdade Pessoal*. Eu espero que você tenha achado essa informação útil. Apenas lembre-se, a chave fundamental para o processo de aprendizagem é colocar o que você leu em prática.

Antes de você ir, eu gostaria de convidá-lo a baixar sua cópia gratuita do *Intensifique sua aprendizagem: ferramentas gratuitas para aprender quase qualquer coisa.* Tudo o que você precisa fazer é digitá-lo em seu navegador:

http://mentalmax.net/PT

Além disso, se você tiver alguma pergunta, comentário ou feedback sobre esse livro, você pode me enviar uma mensagem e eu lhe responderei o mais brevemente possível. Por favor, coloque o título do livro a que você está se referindo na linha do assunto. Meu endereço de e-mail é:

ic.robledo@mentalmax.net

Você aprendeu algo novo?

Se você achou este livro útil, perspicaz ou valioso, por favor, considere escrever uma avaliação na Amazon. Sua opinião faz uma grande diferença, pois ajudará leitores como você a decidir se devem dar uma olhada neste livro.

Tem pouco tempo ou você não tem certeza do que escrever em um comentário? Sem problemas! — agora, a Amazon permite que você insira uma classificação por estrelas (de 5 estrelas possíveis), se desejar.

**Por favor, Compartilhe Sua Classificação
ou Escreva Um Comentário**

Mais livros de I. C. Robledo

As Ferramentas Intelectuais dos Gênios
Domine Seu Foco
Guia dos Hábitos Inteligentes
Ninguém Me Ensinou a Aprender
Preparar, Apontar, Mudar
Princípios Secretos dos Gênios
Abundância de Ideias
Memória Prática
365 Citações Para Implementar Em Sua Vida
7 Pensamentos Para Viver Sua Vida
O Leitor Perspicaz
Questione a Si Mesmo
Em Busca da Verdade

Para se manter atualizado sobre os novos livros de I. C. Robledo, inscreva-se para receber atualizações em Mentalmax.net/PT.

www.ingramcontent.com/pod-product-compliance
Lightning Source LLC
Chambersburg PA
CBHW061150120626
46546CB00005B/1997